La dépréciation du franc congolais
(2001 - 2018)

Collection « Études africaines »

dirigée par Denis Pryen et son équipe

Forte de plus de mille titres publiés à ce jour, la collection « Études africaines » fait peau neuve. Elle présentera toujours les essais généraux qui ont fait son succès, mais se déclinera désormais également par séries thématiques : droit, économie, politique, sociologie, etc.

Dernières parutions

Noël SOFACK, *L'Eglise catholique et le processus électoral au Cameroun, Un engagement pour des elections justes et transparentes,* 2018.

Noël SOFACK, *Nouvelle géopolitique de l'agriculture et de l'alimentation, Quelles politiques publiques de sécurité alimentaire au Cameroun* ?, 2018.

Fayol Meny INKOU INGOULANGOU, *Problèmes langagiers et apprentissage du philosopher, Cas de l'apprenant en République du Congo*, 2018.

Kakou Marcel VAHOU, *L'insécurité linguistique chez des élèves en Côte d'Ivoire,* 2018.

Jean-Pierre Barthélemy MPOUANDO, *Les limites de l'Union africaine dans la résolution des conflits*, 2018.

Odilon OBAMI, *L'évolution des droits de la femme congolaise,* 2018.

Kayamba TSHITSHI NDOUBA, *Agonie et fin de la première République du Congo-Kinshasa,* 2018.

Christian ROCHE, *Histoire des relations des pays du Sahel avec la France*, 2018.

Mamoudou SY, *La vallée du fleuve Sénégal dans le jeu des échelles politiques. Le Dimar aux XVIIIe et XIXe siècles,* 2018.

Ousseynou FAYE, *Les tirailleurs sénégalais entre le Rhin et la Méditerranée (1908-1939)*, 2018.

Jean-Paul MWENGE NGOIE, *L'enfant, cet oublié du divorce ou de la séparation parentale en Afrique subsaharienne*, 2018.

Blaise SARY NGOY

LA DEPRECIATION DU FRANC CONGOLAIS (2001 - 2018)

Effet d'hystérèse

L'Harmattan

5-7, rue de l'École-Polytechnique ; 75005 Paris

http://www.editions-harmattan.fr

ISBN : 978-2-343-14982-0

EAN : 9782343149820

AVANT-PROPOS

Les relations économiques internationales sont plus intenses au cours de ces décennies marquées par le credo de la globalisation. Le commerce des biens et des services, les investissements directs et de portefeuille, les autres mouvements des capitaux, etc., en constituent autant des manifestations rendues faciles par la baisse des barrières, la vitesse de l'information, le progrès technique ainsi que par la paix dans une large partie du globe. Il n'existe pas un pays qui vit en autarcie, ce dernier temps. Les avantages de l'ouverture sont si immenses que chacun cherche à en tirer profit. En dépit des tentatives de retour au protectionnisme à travers des barrières défensives que tentent d'ériger certains États, il est évident que le libéralisme procure les gains immenses et réciproques.

Les organisations d'intégration ainsi que divers accords qui légitiment ce développement des relations économiques entre les États foisonnent. La convertibilité des monnaies constitue un gage de succès ; leurs parités sont définies librement, en fonction des préférences de chaque pays. Certains optent pour le régime de change fixe, d'autres appliquent le régime flottant ou intermédiaire. Ces choix ne sont pas inflexibles. Les pays sont libres et peuvent passer d'un régime à un autre, chacun appréciant les avantages et les désavantages liés à la stabilité des marchés.

Les rencontres en vue d'assurer l'équilibre des rapports entre les États sont régulièrement tenues, mais la transmission des chocs économiques reste inévitable, parce que relevant de la logique intrinsèque du libéralisme. Il est reconnu aujourd'hui que la prospérité économique s'accommode avec les récessions. Cet état de fait explique et justifie les politiques conjoncturelles contracycliques conduites par les États. Depuis 2015 jusqu'à la fin de 2017, et même bien avant cette date, la chute des prix des produits de base a causé la sécheresse des avoirs extérieurs des pays spécialisés dans l'exportation des produits de base ; c'est le cas du Congo-Kinshasa. Les besoins pour les paiements extérieurs et l'épargne se sont multipliés face à un manque criant des liquidités. Cette sécheresse à répétition est une des causes de la chute du franc congolais, ce, depuis son émission jusqu'à ce jour. Notre préoccupation, dans cette étude, est de répondre à la question de savoir : pourquoi le taux de change de cette monnaie ne retrouve pas son équilibre pré-crise en dépit de batterie des mesures entreprises par l'autorité monétaire, à chaque occasion de sa chute ?

Le travail comporte sept chapitres et une conclusion. Le premier concerne l'analyse des limites du taux de change flottant à autoréguler les crises. Le cas de dépréciation du franc congolais est examiné à titre d'illustration. L'accent est mis sur sa caractéristique d'hystérèse. Le second chapitre passe en revue la nouvelle politique de rationnement appliquée en guise de réponse aux déséquilibres macroéconomiques ayant vu le jour durant des années dans plusieurs pays industrialisés et émergents. Il s'agit de l'analyse des théories néoclassiques et néokeynésiennes émises par les auteurs dans la recherche des voies de retour à l'équilibre des fondamentaux. Cette synthèse fonde ce que les économistes appellent aujourd'hui : *La nouvelle macroéconomie*. Les anticipations rationnelles et l'asymétrie de l'information justifient le comportement des agents économiques. L'équilibre général n'est plus l'objectif à tout prix des politiques économiques. Le rationnement par la régulation des marchés s'impose comme voie indiquée au-delà des illusions de la main invisible. Le troisième chapitre aborde les approches théoriques des crises de change. Il présente leur typologie et évoque les avis partagés des auteurs sur les mécanismes de leur déclenchement, sur leurs dynamiques et sur les politiques de retour aux équilibres de court, moyen ou long terme. Il aborde également la discussion sur la *Nouvelle macroéconomie* et y puise les fondements de la politique économique de rationnement appliquée depuis les crises apparues au cours des années 70/80. Le quatrième chapitre est consacré à l'examen des crises de dépréciation du franc congolais de 2001 à 2018. Le but est de démontrer que l'expansion des dépenses, la manipulation des taux d'intérêt, le niveau de l'inflation galopante, les déficits budgétaires ou celles de la balance des paiements sont les variables explicatives. En d'autres termes, le niveau des avoirs extérieurs, le solde extérieur, le déficit budgétaire et l'expansion monétaire sont étroitement corrélés avec la dépréciation du franc congolais. Les autres fondamentaux sont aussi positivement corrélés dès lors que les déclencheurs s'activent.

L'extraversion de l'économie et son étroite dépendance vis-à-vis des exportations des matières premières sont les deux causes déterminant la valeur de la monnaie par rapport à la principale devise en usage au Congo : le dollar américain. Car, la croissance de l'économie congolaise est fortement liée à la santé de ce secteur. Le cinquième chapitre porte sur l'examen de l'inefficacité des politiques économiques mises en œuvre, chaque fois que la crise monétaire surgit. Il s'agit de critique portant sur : la restriction des dépenses, le rachat de la monnaie nationale, l'accroissement du taux des réserves obligatoires, le ciblage du niveau de l'inflation, le déficit budgétaire zéro, le contrôle de change, etc. L'impossibilité de rendre ces politiques économiques autonomes est la cause de cette inefficacité. Le chapitre passe également en revue les anciennes solutions miracles, envisagées dans le contexte des réformes structurelles entreprises par les institutions de Bretton Woods. Il a pour but de démontrer que l'échec de ces réformes se situe au niveau des limites à rendre endogène l'économie du pays. Le sixième chapitre passe en revue les différents régimes de change existant ainsi que les obstacles de leur application, notamment, au Congo-Kinshasa. Le dernier est constitué d'une série des propositions partant de l'idée qu'un équilibre réel du taux de change ne peut être obtenu que dans la mesure où l'économie intravertie permet la maîtrise des fluctuations cycliques, y compris les chocs exogènes, par la poursuite de l'équilibre interne. De même, l'équilibre externe ne peut être réalisé que si le pays cesse d'être importateur net des capitaux. Aucun choix du régime, qu'il soit fixe, flottant ou intermédiaire, ne peut conduire à la stabilité du taux dans un contexte de non-maîtrise des facteurs déclencheurs des crises. Dans ce cas, la restructuration de l'économie congolaise est proposée, en insistant sur la mise en route des projets porteurs, lesquels n'excluent ni les importations, ni les exportations, mais une combinaison rationnelle des deux, misant sur les effets multiplicateurs de l'investissement. Les choix prioritaires de l'investissement concernent l'introversion de l'économie, partant des échecs des plans de développement qui pullulent dans les tiroirs des ministères, ce, depuis plus de 50 ans, sans effet.

CHAPITRE 1

LES ILLUSIONS D'AUTORÉGULATION DES CRISES PAR LE RÉGIME DE CHANGE FLOTTANT

Dans ce chapitre, l'objet porte sur les limites du régime de change flottant. Le choix du franc congolais, illustration de cette analyse, n'est pas inopportun. Cette monnaie connaît un taux de dépréciation croissant qui affecte les autres fondamentaux de l'économie, ce, depuis des années. En dépit des politiques de stabilisation entreprises, l'équilibre pré-crise n'a jamais été rétabli.

L'effet d'hystérèse est la caractéristique particulière qui suscite notre curiosité. Comme nous venions de le dire dans l'avant-propos, depuis mi 2015, la chute des prix des produits de base a entraîné la sécheresse des avoirs extérieurs. Les besoins pour assurer les paiements et l'épargne en dollar américain se sont multipliés, ils ont impacté la chute du franc congolais, lequel connaît depuis son émission, la perte de la valeur. Notre préoccupation est de répondre à la question de savoir : pourquoi le taux de cette monnaie ne retrouve pas son équilibre pré-crise. En d'autres mots, pourquoi le régime flottant n'assure-t-il pas son rôle d'autorégulation de ces crises, depuis que le choix de flottement pur a été pris en 2001 ?

1. Le taux flottant n'empêche pas les crises de change

Les théories libérales attestent que le régime de change flottant permet l'autorégulation des déséquilibres, favorise les échanges par l'amélioration de la compétitivité/prix et exclut les interventions autoritaires des banques centrales (flottement pur). Cet avantage a motivé l'abandon du régime de change fixe adopté lors des accords de Bretton Woods, à la suite de la perte de la valeur du dollar (dévaluation de 35 à 42 $/l'once d'or). Le choix de Nixon en 1971 (accord de Smithsonian Institute) avait prévalu à l'époque, dans les cercles des décideurs, tout en laissant un vide comblé, pourtant, le lendemain de la fin de Gold Exchange Standard, par la création d'un nouveau système monétaire international. Certains États, ayant opté pour le régime de change flottant (accord de Jamaïque), ont cru que le problème d'instabilité des monnaies était résolu ; les sources des crises n'auraient plus lieu, parce que jugulées. Le mécanisme d'auto stabilisation était supposé automatique.

Mais les faits contraires donnent raison à Robert Mundell, hier et aujourd'hui. Le régime flottant présente les désavantages. Les taux font le zigzag au quotidien, d'un marché à l'autre. Les attaques spéculatives et anticipatives sont inévitables et régulières. Le taux interbancaire n'est pas nécessairement celui du marché boursier. La prudence justifie les anticipations des agents économiques. Les cotations sur les marchés ne sont pas les mêmes tous les jours. L'asymétrie de l'information et l'incertitude sur le comportement des agents conduisent à une logique d'anticipation et de spéculation. Le taux peut s'apprécier ou se déprécier, avec ou sans retour à l'équilibre initial. On assiste à plus de 4 systèmes de change, selon le choix de chaque pays, à tel point qu'on est en droit de dire qu'il n'existe pas de système monétaire international, mais un non-système.

Les discussions à ce propos opposent les tenants du régime fixe aux tenants du régime flottant ; ou encore, entre les tenants des régimes intermédiaires et ceux du régime flottant pur. Elles portent sur les effets liés à la manipulation des taux en vue d'améliorer la compétitivité des prix par certains pays, manipulation ayant un impact sur les échanges. Toutefois, depuis les accords Kingston en 1976, et même avant ceux-ci, les crises financières se succèdent tant au niveau local qu'au niveau mondial. L'une d'elles est sans doute la crise jumelle (systémique) de 2007. Sans exagérer, elle est comparée au krach de New York de 1929 à cause de quelques traits communs : l'hyperinflation, la fermeture des usines, le chômage et le retour au protectionnisme, lesquels traits ont affecté l'économie mondiale par effets de contagion.

2. Le franc congolais n'est pas épargné

Le Congo-Kinshasa ayant opté pour le régime flottant impur[1] en ce moment (trois taux : un flottant et deux fixes), connaît aussi des crises chroniques dont les remèdes n'ont pas de réponse adéquate et expliquent cette particularité. Elles se succèdent depuis l'émission de cette monnaie en juin 1988, et même bien avant ; car le « zaïre monnaie »[2] n'en était pas épargné. L'économie du pays est touchée par des chocs récurrents. Ainsi, pouvons-nous nous poser la question de savoir : jusqu'où peut s'arrêter cette dépréciation ? De quelle manière les politiques économiques mises en route peuvent-elles stopper cette descente du franc congolais qui creuse au quotidien le pouvoir d'achat des consommateurs et des épargnants ? Comment redynamiser la confiance et la crédibilité ? Comment éviter le pire, c'est-à-dire, la cessation des paiements liée à la sécheresse des avoirs extérieurs ? L'autonomie des moyens de paiements (réserves) en période de stabilité n'a jamais dépassé plus de 8 semaines. Durant les crises, elle descend parfois à moins de deux

---

[1] La paie des fonctionnaires et des frais académiques est au taux fixe de 920 FC pour un 1 $; le taux budgétaire est de 1 450 FC, le taux de salaires des agents et fonctionnaires de l'État est de 960 FC, le taux du marché est de ±1 600 FC pour un 1 $.

[2] La monnaie du Congo-Kinshasa durant la deuxième République.

semaines. Ce fut le cas durant la crise des surprimes, le plancher était atteint et le pays ne disposait que de ± 28 millions de réserves en dollar. Au cours de la crise d'entre 2015 et 2018, l'autonomie de 8 semaines est descendue à ± 3 semaines. Le niveau standard est estimé pourtant à ± 3 mois, selon le FMI, pour les économies fortes, capables de sortir des crises endéans quelques semaines. Ceci suggère les besoins de plus ou moins 4 milliards de dollars dans le cas du Congo-Kinshasa. Or, bien avant que l'actuelle crise n'éclate, le volume des réserves était de l'ordre de ± 1,7 milliard, bien en dessous du niveau standard.

Par ailleurs, quelles seraient les mesures à prendre en vue d'éviter la très forte dollarisation manifestée par l'importance de dépôts et de prêts en dollar américain, ainsi que par la fixation des prix sur le marché au taux du jour ? Comment éviter l'impact des tensions dont la contagion se propage et affecte à chaque occasion les prix, la croissance, la consommation, les investissements, l'échange, l'épargne nationale et le portefeuille des actifs ? Autant des questions que se posent les observateurs : cadres, experts, et même les nombreux vendeurs de rue qui ne sont pas initiés aux théories macroéconomiques.

Cette analyse est une tentative de réponse à ces interrogations. Elle scrute l'évolution de la dépréciation du franc congolais depuis son émission en 1998 ; elle examine sa dynamique, c'est-à-dire, les causes de sa stabilité périodique ainsi que celles de sa chute récurrente. Elle décortique les failles des politiques (budgétaire, monétaire et fiscale) entreprises depuis et apporte une réponse à la question de l'effet d'hystérèse. Le constat est que les réformes monétaires entreprises depuis 1963 ont les mêmes origines. L'instabilité constatée durant des années suggère une voie qui manque : la restructuration de l'économie en profondeur, misant sur son endogénéisation. Les interventions conjoncturelles de types classiques ne peuvent être efficaces que dans la mesure où les bases solides de l'économie sont reformées de manière à diversifier les secteurs porteurs, impliquant les effets multiplicateurs et l'atteinte de l'équilibre des agrégats macroéconomiques de long terme.

3. L'effet d'hystérèse caractérise la dynamique de sa dépréciation

Le terme « hystérèse » est emprunté à la physique. Que signifie-t-il en économie ? Et comment expliquer cet effet en ce qui concerne la dépréciation du franc congolais ? Économiquement, l'hystérèse est définie comme la persistance de déséquilibre d'un fondamental alors que sa cause principale a disparu. Stéphane Ménia, dans son analyse sur la récession, l'explique comme étant une conséquence d'un « comportement de précaution et de pessimisme durables qui ralentissent la reprise de l'investissement et de la consommation »[3]. Dans ce cas, précise-t-il, « alors que les causes de la récession sont maîtrisées, la reprise de croissance normale souffre d'un niveau de PIB plus faible de façon permanente, comparé à une évolution sans récession »[4]. D'autres auteurs abordent également le thème en rapport avec le chômage[5], l'inflation ou le commerce extérieur[6]. Remarquons que dans toutes les

---

[3] Stéphane Ménia, « Le retour de l'hystérèse dans les travaux macroéconomiques ? » in http://econoclaste.org.free.fr/econoclaste, mai 2012

[4] *Idem.*

[5] Lire les travaux de Olivier Blanchard et Lawrence Summer (1986) sur les causes du chômage en Europe pendant la période d'expansion.

[6] Antoine Bouveret, Henri Sterdyniak, « Les modèles de taux de change. Équilibre de long terme, dynamique et hystérèse », *Revue de l'OFCE*, 1993.

économies du monde on trouve bien un emboîtement des fondamentaux. Ainsi, dans des pays à économie faible, les crises de change trouvent facilement leur explication dans la variation des prix, dans les déficits de la balance courante et dans la gestion de la base monétaire. Le rétablissement des réserves et la réduction du déficit courant sont censés ramener la parité à son taux normal. Mais ce phénomène ne se produit pas automatiquement. C'est le cas de l'économie congolaise qui souffre de l'extraversion et de multiples échecs des plans de développement imaginés par des experts, échecs attribués souvent à la mauvaise gouvernance. Les mesures menées en vue de la stabilisation du taux à son niveau d'équilibre acceptable se sont butées et se butent toujours à des contraintes de plus en plus insurmontables. Même si on peut parvenir à le stabiliser de temps en temps, les causes (de la dépréciation) ayant disparu momentanément, il (taux) ne redescend pas à son niveau initial d'avant la crise.

L'inefficacité des politiques entreprises est liée à la structure de l'économie. Le comportement prudentiel et la méfiance des agents économiques quant aux risques de rechute de la valeur de la monnaie est l'explication de non-retour du niveau de pré-crise (effet d'hystérèse). Même si le volume standard des réserves (3 mois d'autonomie) peut être atteint, il y a à parier que le taux ne redescende pas à son niveau voulu. Les politiques économiques entreprises en vue de lutter contre la dépréciation peuvent ne pas avoir des effets à long terme, du fait que ce niveau ne se rétablit pas. Bien au contraire, on peut assister à des moments d'accalmie (retour des réserves de change), parfois, le retour à un volume plus élevé, sans que celui-ci permette le retour de l'équilibre. Tel est le phénomène d'hystérèse.

D'autres experts ont eu l'occasion d'examiner le phénomène à des occasions différentes. Baldwin (1986), Krugman (1989), Dixit (1989) sont parmi ceux qui ont attesté l'existence de l'effet en ce qui concerne les échanges internationaux. Les entreprises étrangères (japonaises) ayant maîtrisé le coût d'entrée sur le marché américain, elles ont été attirées par l'appréciation du dollar ainsi que les gains à l'exportation. Mais, par la suite, la dépréciation du dollar et ses effets sur les gains (baisse) n'ont pas poussé à la délocalisation des firmes étrangères, les coûts d'entrée sur le marché ayant été maîtrisés, elles (entreprises) se sont maintenues, malgré la chute des profits.

Notre propos aborde le sujet d'une autre manière. En dépit d'un niveau élevé des avoirs extérieurs sur le marché (petite économie ouverte), l'équilibre initial (pré-crise) du taux de change peut ne pas se rétablir, quand bien même, sa chute aurait été provoquée au départ par la baisse de ces réserves de change. Ce qui signifie que la maîtrise des facteurs ayant occasionné la dépréciation n'entraîne pas nécessairement le retour de l'équilibre pré-crise. Ce constat suggère que les conditions de cet équilibre initial dans des petites économies ouvertes ne sont pas influencées nécessairement par les politiques économiques conjoncturelles, quelle que soit leur efficacité. Le seul accroissement du volume des avoirs extérieurs ne produit pas les effets attendus dans certaines économies. La précaution, la méfiance et l'anticipation d'un retour incertain à la crise conduisent les agents économiques à la prudence, avec leur préférence pour la bonne monnaie, moins abondante, en occurrence le dollar.

Celle-ci devient la monnaie refuge. L'impact de dépréciation future n'étant pas connu, les signaux demeurent, les agents économiques se protègent et évitent le risque et croient que le retour à l'équilibre pré-crise équivaudrait à la perte de la valeur refuge. Ils anticipent une éventuelle inflation. Tel est notre apport. Baldwin et Krugman n'abordent pas, comme nous le soulignons plus haut, l'effet d'hystérèse de la même manière que nous. Ils examinent l'évolution de la décision d'investir des entreprises en rapport avec l'appréciation ou la dépréciation du taux de change du dollar. L'effet qu'ils ont constaté n'est pas celui de variation du dollar, mais du choix des industriels (multinationales) face à la perte des gains due à la dépréciation du dollar. L'originalité de notre étude porte en revanche sur le non-retour de l'équilibre pré-crise, alors que les conditions ayant entraîné celle-ci (sécheresse des avoirs extérieurs, solde extérieur déficitaire, expansion monétaire) ont cessé. Pour des besoins de documentation y relative, nous nous sommes référés à des différents rapports des membres de la Fédération des entreprises du Congo, de la Banque centrale, du FMI, de la BM, et des Universités.

Notons que lors de l'émission du franc congolais en juin 1998, elle valait 1,3 franc congolais pour 1 dollar américain. Au moment où nous abordons cette analyse, soit 20 ans après, la valeur de cette monnaie est de ± 1 700 francs congolais pour 1 dollar ; une dévaluation de plus de 1 000 %. Un bien précieux vendu à l'époque à 1 franc vaut théoriquement 1 700, voire plus. D'ici peu, au cours des mois à venir, il n'est pas exclu qu'elle atteigne 2 000 FC, selon les prévisions des experts du FMI, lors de leur visite de travail en juin 2017 à Kinshasa. Vu l'ampleur de la chute, on est en droit de se poser la question de savoir : quelle peut être la solution permettant d'arrêter cette descente ? Le retour au régime fixe ? Le choix des régimes intermédiaires ? Le maintien du régime flottant pur, en dépit des crises chroniques constatées ? Dans le cas de retour au régime fixe, le marché parallèle ne va-t-il pas dicter sa logique ? N'allons-nous pas assister à des dévaluations en cascade ou aux glissements intempestifs ? Certes, une monnaie sous-évaluée peut être profitable à l'économie, ne fût-ce qu'au niveau de l'amélioration de la compétitivité dans les échanges avec le reste du monde. On cite l'exemple de la Chine qui tire un grand avantage de ses coûts de production faibles et qui rendent son économie compétitive à l'exportation. Est-ce le cas du Congo-Kinshasa ? Et si la dévaluation en cascade ne tient pas, quel serait le meilleur choix ? Faut-il retourner au régime de change flottant, sans risque de nouvelles crises à répétition, à l'instance de la situation vécue actuellement ?

La dollarisation est également pointée du doigt ; elle est une des sources d'instabilité du franc congolais. Qu'en est-il au juste ? Si oui, pourquoi est-ce ainsi ? Quels sont les inconvénients et les avantages de cet ancrage ? Comment se comportent les autres monnaies, ailleurs, dans les pays où le dollar constitue également la monnaie d'ancrage ? Leurs valeurs varient-elles au gré des vagues, à chaque occasion que les tensions et les politiques économiques impactent négativement les fondamentaux ? Un aller et retour, d'un régime à l'autre, sans succès, suggère certainement l'existence des défis sérieux à résoudre, notamment : la gouvernance financière et les réformes structurelles, sans lesquelles le pays continuerait à subir les crises. La monnaie est le reflet de la santé économique. Elle exprime la valeur de sa richesse. Elle est le gage des réserves et du niveau de la consommation. Elle est l'instrument des paiements et de l'épargne. Sa détérioration signifie la mauvaise tenue de l'économique ; et les causes peuvent être multiples. Nous l'avons déjà souligné, elles sont externes et internes, prévisibles et imprévisibles. La spéculation, les déficits de la balance des paiements, l'inflation, la baisse de la production, la volatilité des flux des capitaux, la détérioration des termes de l'échange sont autant des facteurs qui expliquent la dynamique de sa trajectoire. Un facteur peut entraîner un autre.

Répétons-le, la chute du franc congolais est, en premier lieu, la conséquence des chocs exogènes, et ensuite celle de création intempestive de la base monétaire (déficit budgétaire et inflation), de manipulation des taux d'intérêt ou des problèmes d'équilibre interne. La maîtrise provisoire de ces paramètres ne peut pas être jugée comme une garantie qui ramènerait le taux à son niveau d'équilibre initial. Ces paramètres remontent à la surface lorsque la sécheresse des avoirs profile à l'horizon. Les avances de la banque centrale peuvent ne pas avoir un impact dans la mesure où la création de la base monétaire n'influence nullement l'autonomie des réserves. Ces avoirs peuvent s'épuiser à force d'y recourir sans garantie. Une crise de change entraîne généralement les déséquilibres des autres fondamentaux ; de même, ces déséquilibres touchent réciproquement le taux de change. Les politiques économiques entreprises en vue de stabiliser ce taux peuvent être vouées à l'échec tant que la diversification de l'économie n'est pas réalisée et que le degré de confiance des agents demeure très bas. Pourquoi cette méfiance ? La monoproduction explique la mono exportation ; celle-ci explique la chute des recettes en période de détérioration des termes de l'échange. Cette détérioration implique négativement le niveau des recettes fiscales. La monoproduction explique également la petitesse de l'offre nationale et la propension marginale constante à importer pour les besoins de la consommation. La monoproduction explique les déficits du compte courant, le déficit budgétaire et le poids de la dette publique expliquent aussi l'inefficacité des politiques monétaires et budgétaires. Durant des périodes d'accalmie, l'autorité monétaire congolaise a pris l'habitude d'oublier naturellement la dépréciation à répétition et se félicite souvent et davantage de la *résilience*[7] de l'économie face aux chocs, sans se rendre compte qu'il s'agit là d'une apparence de courte vue. Son attention se focalise beaucoup plus sur d'autres objectifs intermédiaires, notamment le ciblage de

[7] Thème joliment développé dans une revue publiée, à l'époque, sous le contrôle du Premier ministre Matata Ponyo.

l'inflation, l'entretien des conditions de la croissance extravertie, la manipulation des niveaux de taux d'intérêt, la surveillance du volume de la masse monétaire et le contrôle du déficit budgétaire.

La prise de conscience sur la chute de la monnaie et ses véritables causes n'est pas souvent anticipée, d'autant plus que l'illusion de l'auto stabilisation due au régime flottant sonne dans les têtes comme un gage approuvé par les théoriciens de l'économie libérale. Il suffit d'agir sur le volume de la base monétaire en circulation, de procéder au contrôle de change ou de relever le taux des réserves obligatoires dès que les signaux clignotent, et l'on imagine que tout est fait. Mais la contagion de la crise des surprimes en 2007[8] (non-remboursement des crédits et insolvabilité des quelques banques américaines impliquées dans les crédits toxiques) à l'ensemble de l'économie mondiale a surpris au Congo, même ceux qui n'avaient pas une moindre idée de crise de change.

Cette crise d'entre 2007 et 2009 n'était pas la première pourtant. Durant la période de « zaïre » monnaie, les billets à valeur faciale de 10 millions ont été émis. On a connu deux zones monétaires. Le pays était en faillite. Les achats s'effectuaient en millions des papiers monnaies pour un petit pain. Le budget n'existait pas. Nombreuses banques commerciales étaient fermées. Lors des réformes de 1994, soit une année après la réforme monétaire d'octobre 1993, l'expansion monétaire a été de 323,2 % avant d'être

---

[8] Depuis 2002, la Réserve fédérale (FED), a encouragé le crédit facile pour relancer l'économie, en autorisant à des millions de foyers modestes de devenir propriétaires, moyennant des prêts à surprime dits « surprimes » : bas au début, leur taux variable peut atteindre 18 % au bout de 3 ans. Car les taux d'intérêt de ces prêts dépendaient de la valeur du bien immobilier : plus la maison a de la valeur, plus le taux est bas. Et lorsque la maison perd de la valeur, le taux d'intérêt grimpe. C'est ce qui s'est passé avec l'effondrement du marché immobilier américain depuis le début de l'année 2007.

ramenée à 308,8 % en 1995 et à 471 % en 1996. L'inflation est demeurée très vive, le niveau le plus élevé a été atteint en 1994 avec un taux annuel de 9 769 % contre 370 % et 753 % en 1995 et 1996[9].

Il s'agissait d'une période marquée par la mauvaise gouvernance ayant entraîné d'une manière profonde le marasme économique (l'ancien régime dictatorial a conduit à la ruine de l'économie). C'est ce qui justifie d'ailleurs l'émission du franc congolais en 1998 par le nouveau pouvoir qui a chassé Mobutu. L'AFDL (Alliance des forces démocratiques pour la libération) conduite par Laurent Désiré Kabila s'est résolue à mettre fin à cette anarchie économique, notamment par la mise en œuvre d'une nouvelle réforme monétaire de 1998. Le « zaïre » monnaie a ainsi cédé place au franc congolais, en réveillant du coup les espoirs de meilleurs moments vécus durant la période de prospérité économique d'avant 1980 (très bonne tenue des prix des produits de base, stabilité économique et meilleur pouvoir d'achat, monnaie nationale stable). Jérôme Monga Kisuba souligne à ce propos : « Le 30 juin 1960, 1 franc congolais équivalait à 1 franc belge (FB) et à 0,02 $. Il est passé à 1 FC = 0,769 FB. En novembre 1967, le franc congolais était remplacé par le zaïre (Z) au taux de conversion de 1 Z = 100 FC = 2 $»[10].

---

9 Xavier Mukamba Bitalengwa, *La dollarisation de l'économie congolaise et son impact socioéconomique sur le revenu des ménages de la commune d'Ibanda (Bukavu)*, UNIC, 2011.

10 1 Z valait 10,19 FB, soit 0,34 $ en février 1980, *in* Jérôme Monga Kisuba, *Niveau, formation et évolution de la liquidité interne en RDC de 1980 à 2007*, Université de Goma, 2010.

CHAPITRE 2

LES APPROCHES THÉORIQUES DES CRISES DE CHANGE

Plusieurs explications théoriques départagent les auteurs sur les facteurs déclencheurs des crises de change ainsi que sur leurs dynamiques. Les tests empiriques démontrent que la généralisation des résultats n'est pas conseillée. Certaines hypothèses se vérifient partiellement ; d'autres, en revanche, sont remises en doute. Les économies présentent plusieurs profils, selon les périodes et selon l'état de développement industriel de chaque pays. Ces profils évoluent au cours du temps. Certains enregistrent le déclin cependant que d'autres s'éveillent. L'économie n'est pas statique, elle bouge ; il est difficile de comprendre des phénomènes cycliques par le recours à la généralisation des théories. Ainsi, il est logique que les études sur les crises débouchent sur des résultats non homogènes, mais cas par cas ; même si quelques traits communs peuvent être tirés. Dans ce chapitre, nous abordons d'une manière synthétique ces avis, tout en soulignant ce qui unit et ce qui départage les auteurs.

1. L'aperçu historique

Les approches sur les facteurs de déclenchement des crises de change existent dans la littérature[11]. Notre propos n'entre pas dans les détails de cette abondante recherche que les lecteurs connaissent déjà à travers la lecture des

---

[11] André Cartapanis, « Le déclenchement des crises de change : Qu'avons-nous appris depuis dix ans », in *Économie internationale*, 2004/1 (n° 97), p. 3-4 ; Drunat, Gilles Dufrenot, Laurent Mathieu, « Les théories explicatives du taux de change : de Cassel au début des années quatre-vingt », in *Revue française d'économie*, 1994.

publications scientifiques. Nous nous limitons à l'aperçu général, comme l'indique bien le titre de la section. Karl Gustav Cassel est le premier auteur qui, au cours des années 1920, souligne le différentiel de l'inflation interne et externe (parité des pouvoirs d'achat) pour expliquer le taux de change réel de l'équilibre[12]. Abordant le même sujet en termes de parité de pouvoir d'achat (PPA), Béla Balassa et Samuelson suggèrent en 1964 l'approche de différentiel de la productivité relative du secteur national exposé à la concurrence par rapport à la productivité du même secteur à l'étranger[13]. Cette thèse revisitée par d'autres auteurs n'a pas été attestée[14]. Elle suppose que les taux de change d'équilibre effectif entre deux pays s'obtiennent aussitôt que les niveaux de productivité des secteurs exposés à la concurrence s'approchent sur le marché. Les études empiriques n'ont pas confirmé l'approche dans tous les cas. Keynes innove en introduisant le différentiel de taux d'intérêt (parité de taux d'intérêt couvert ou non couvert)[15]. Son originalité était de démontrer que les taux d'intérêt peuvent être corrélés à long terme avec les taux de change. Et c'est exact. Il y a bien une relation entre taux d'intérêt, taux de change et niveau des prix. Cette relation évidente est attestée.

Abordant le sujet dans le même sens, Sébastien Hissler conclut que « lorsque des écarts importants apparaissent durablement entre les taux d'intérêt relatifs à deux monnaies, des mouvements de taux de change vont se

---

[12] La variation du change est déterminée par le différentiel entre le taux d'inflation interne et le taux d'inflation à l'étranger.

[13] Pour plus de détails, lire : « Effet Balassa-Samuelson », *in* Wikipédia.

[14] Virginie Coudert, « Comment évaluer l'effet Balassa-Samuelson dans les pays d'Europe centrale et orientale ? » in *Bulletin de la banque de France*, n° 122, février 2004.

[15] L'évolution du taux de change entre deux devises s'ajuste en fonction du différentiel de taux d'intérêt court terme et de la variation du taux de change à terme.

produire afin qu'un placement sans risque dans l'une des devises soit équivalent au placement sans risque de même échéance dans l'autre devise, sinon il deviendrait alors possible de réaliser des gains illimités sans aucun risque »[16]. Par la suite, nombreux auteurs ont enrichi l'analyse sur le thème en recourant à de multiples approches : a) le modèle économétrique composite prend en compte un ensemble des variables pouvant influencer le taux de change réel de long terme (terme de l'échange, productivité du travail, prix du pétrole, stock d'actifs étrangers nets, taux de chômage et de modèle dit de portefeuille[17]), b) l'approche du taux de change d'équilibre comportemental (Clark et MacDonald), c) l'approche de taux de change réel naturel de Stein et Allen, et d) l'approche monétaire et financière de Mundell et Frenkel.

Chez Williamson, l'équilibre fondamental est obtenu à deux conditions : le plein-emploi (équilibre interne) et le solde courant correspondant à des flux de financement soutenables (équilibre externe). Il s'agit de l'approche normative dont le fondement repose sur les politiques économiques qui influencent les variations de court terme du taux de change réel. Ce modèle a été aussi critiqué. Car, il faut définir le niveau de production de plein-emploi dans le pays et chez ses partenaires, le niveau soutenable de la balance courante, et d'estimer une équation de balance commerciale. En pratique, un tel exercice n'est pas facile. Cette critique a donné lieu à l'approche composite de Clark, Symansky, Taylor et MacDonald (1997). Leur modèle dit composite appelé BEER (*Behavioural Equilibrium Exchange Rate*) consiste à retenir un ensemble de variables fondamentales susceptibles d'influencer le taux de change

[16] Sébastien Hissler, « Les taux d'intérêt aident-ils à prévoir les taux de change ? » in *Trésor-Eco*, n° 15, juin 2007.

[17] Jean-Baptiste Desquilbet, *Les théories du taux de Change*, Université de Lille, 2016.

réel de long terme (terme de l'échange, productivité du travail, prix du pétrole, stock d'actifs étrangers nets, taux de chômage). Tandis que chez Stein et Allen (1997) le taux de change réel naturel, est celui qui assure l'équilibre de la balance des paiements en l'absence de facteurs cycliques (production à son potentiel), de flux de capitaux spéculatifs et de variation de réserves de change[18]. Ce modèle de Stein et Allen s'apparente à celui soutenu par Yannick Biseau et Bernard Dupont. Pour les deux, lorsque « l'élasticité-revenu des importations est d'autant plus forte, une nation peut difficilement réduire à brève échéance sa dépendance vis-à-vis de l'étranger. Le pays subit fortement les conséquences défavorables de l'évolution du revenu domestique sur le solde extérieur »[19]. Cette évolution défavorable entraîne la dépréciation du taux de change.

2. La nouvelle typologie des crises et leurs interprétations

La riche littérature sur le sujet a pris cours durant les années 70/80, à la suite de l'échec du système de change fixe de Bretton Woods et avec l'apparition des crises dans nombreux pays émergents d'Asie du Sud-Est et d'Amérique latine. Leur évolution a donné lieu à des thèses associées à chaque forme. Krugman, Flood et Garber ont attribué les premières crises apparues en Amérique latine au cours des années 70/80, y compris en Russie, aux déséquilibres persistants des fondamentaux macroéconomiques, notamment : le surendettement,

[18] Antoine Bouveret, Henri Sterdyniak, « Taux de change et politique monétaire, Les modèles de taux de change, Équilibre de long terme, dynamique et hystérèse », *Revue de l'OFCE*, 2005 (N° 93).

[19] Yannick Bineau et Bernard Dupont, dans « L'approche dynamique du taux de change réel d'équilibre », in *Économie internationale*, n° 96, 2003/4,

l'inflation élevée, l'effondrement des prix des matières premières, l'excès de l'offre des monnaies et le déficit cumulatif de la balance courante. Ces facteurs sont aussi ceux que l'on peut relever en ce qui concerne la crise au Congo-Kinshasa. Nous y reviendrons. La deuxième génération (Obstfeld, 1994) des crises est caractéristique des attaques spéculatives et des anticipations des agents économiques à la suite du comportement des marchés financiers et à l'imperfection de l'information[20]. Ces crises naissent en Asie du Sud-Est, dans les pays essentiellement émergents. La troisième génération (Pesenti et Tille, 2000 ; Krugman, 2001 ; Flood et Marion, 1999 ; Cailleteau et Vidon, 1999 ; Krugman, 1999 ; Corsetti, Pesenti et Roubini, 1998) est en revanche caractérisée par des tensions microéconomiques, notamment : la fragilité des systèmes bancaires, les faillites dues à l'endettement excessif des banques, la dégradation des bilans des entreprises.

Tandis que la crise de « surprime », qualifiée de quatrième génération par Krugman, a donné lieu à une nouvelle réflexion basée fondamentalement sur les actifs toxiques et l'endettement des ménages ayant eu une contagion à l'ensemble du système économique (crise du système) à partir des faillites des banques et des bulles spéculatives qui en ont suivi[21]. On peut toutefois l'associer à l'approche microéconomique (3e génération).

La lecture de ce qui précède permet de souligner une remarque. Les crises de change découlent de plusieurs causes. Elles sont localisées ou transmises à d'autres régions. Elles sont inévitables et cycliques[22]. Elles se

---

[20] Obstfeld, M. (1996). "Models of currency crises with self-fulfilling features". *European economic review*, 40(3), 1037-1047.

[21] Diamond et Dybvig (1983), endettement excessif, aléa moral (Krugman, 2001 ; Corsetti, Pesenti, Roubini, 1998), dégradation des bilans (Krugman, 2001 ; Mishkin, 1999…), poids des dettes extérieures à court terme par rapport aux réserves (Stiglitz, 2000).

[22] Antoine Bouveret et Henri Sterdyniak.

déclenchent à la suite de rupture des équilibres macro ou microéconomiques : épargne, investissement, inflation, stock des réserves, variation des termes de l'échange, variation du volume de la monnaie de base, variation des taux d'intérêt, mauvais bilans, chocs exogènes. Dans les études sur le taux de change de l'équilibre, William John estime que le meilleur taux est obtenu lorsque le plein-emploi et l'équilibre extérieur sont réunis. Clark et MacDonald estiment aussi que le taux de change d'équilibre comportemental à court ou à moyen terme peut être obtenu à l'aide des estimations économétriques de corrélation entre les termes de change, la productivité du travail, le stock d'actifs étrangers nets, le taux de chômage. Stein et Allen assurent que le taux de change naturel de long terme serait le fait de l'équilibre de la balance des paiements en l'absence des facteurs cycliques, notamment la variation des flux des capitaux, la spéculation et la variation des réserves de change. Cette analyse est soutenue aussi par Jean-François Hoarau, dans son étude sur l'approche microéconomique du taux de change réel d'équilibre. Il conclut que « l'équilibre de long terme est déterminé par la réalisation simultanée de trois conditions, à savoir : a) l'équilibre de portefeuille en situation d'imparfaite mobilité des capitaux, b) l'équilibre interne qui signifie l'équilibre du marché des biens et services, protégé de la concurrence internationale et c) l'équilibre externe »[23].

Bien que ces approches ne réunissent pas l'unanimité à la suite des vérifications empiriques, elles gardent leur valeur théorique très riche de renseignements. Les crises sont le propre de l'économie du marché. Les politiques appliquées ne sont pas nécessairement les mêmes. Les

---

[23] Jean-François Hoarau, « L'approche microéconomique du taux de change réel d'équilibre », *Revue de la littérature théorique, Revue d'analyse économique*, Vol. 85, n° 4, décembre 2009, p. 403-436.

résultats testés ailleurs, peuvent ne pas être confirmés dans d'autres cas. Il n'existe pas un schéma unique de sortie des crises.

3. L'état de la recherche sur des crises monétaires dans les pays pauvres

Au cours des années qui ont dominé les recherches sur le thème, les auteurs se sont moins intéressés aux crises du régime de change (fixe ou flottant) dans des pays en développement (pauvres). Le faible intérêt accordé par les chercheurs à ces pays dans leurs analyses sur des crises financières et monétaires, était dû au fait que ces pays participent très peu aux mouvements des capitaux ; leurs crises localisées n'avaient pas un impact important sur le comportement des marchés financiers à une large échelle. Les crises de change ont pourtant eu lieu dans ces pays. Les institutions financières (Banques centrales et FMI) sont les seules qui ont consacré plus d'intérêt aux remèdes de type classique, associés aux obligations d'ajustement structurel des cadres macroéconomiques des pays concernés. En revanche, plusieurs études étaient consacrées sur les crises des pays émergents à revenu intermédiaire (Mexique, Brésil, Argentine, Thaïlande, Indonésie, Turquie, Malaisie, Russie) qui ont occupé une part importante dans les mouvements des capitaux, à l'échelle globale, ce depuis les années 80.

Imed Drine et Christophe Rault sont parmi les auteurs qui, au milieu des années 2000, se sont finalement intéressés aux crises dans les pays pauvres. Leur étude porte sur 45 pays, dont 21 africains. Il se dégage de celle-ci que les facteurs déclencheurs des crises, tels : les termes de l'échange, le niveau et la composition des dépenses publiques, les mouvements des capitaux, le contrôle de change, le progrès technique et l'accumulation du capital sont ceux de première génération[24]. Plus tard, ce début a été suivi par des thèses de doctorat défendues sur le sujet, l'une à l'Université de Rennes, l'autre en Grèce et la troisième à l'Université de Québec, Montréal ; elles abordent le thème, l'un dans le contexte des facteurs déclencheurs de crise, les autres dans le cadre de l'impact sur la croissance des pays au sud du Sahara[25]. Chez Mamadou, la thèse a pour objet de prédire, à l'aide des indicateurs macroéconomiques, l'éclatement de crise de change. Partant de la période pré-crise, l'auteur se pose la question de savoir : quels seraient les indices susceptibles de rendre la crise prévisible ? À l'aide d'un modèle économétrique, il établit la corrélation entre le crédit intérieur, la dette des banques privées, la dette extérieure, la masse monétaire, les exportations, les importations, la position au FMI, le prix réel du pétrole, les réserves internationales, le solde budgétaire, le solde du compte courant, le taux de change réel et le taux d'intérêt réel. Cette approche peut être associée à celles sur les crises de 3e génération.

Chez Sêgnon Tovignon, « la libéralisation financière trop soudaine, le boom du crédit, la dollarisation des emprunts bancaires, ou encore la dégradation du commerce international constituent de potentielles origines des crises jumelles qui peuvent être résolues par la dévaluation de la

---

[24] Imed Drine, Christophe Rault, « Déterminants de long terme des taux de change réels pour les pays en développement : une comparaison internationale », *Revue d'économie du Développement*, éd. De Boeck, 2005, p. 123-150.

[25] Mamoudou Hassane, *Pression sur le cours des devises et crises de change : une analyse sur données de pays africains et économies émergentes*, Université Nice Sophia Antipolis, 2014 ; Yaya Seydou Camara, *Régimes de change et performances économiques en Afrique subsaharienne*, Université de Rennes, 2005 ; Sêgnon Tovignon Aguey, *Crises financières dans les pays en développement ; origines, spécificités et résolutions*, Université de Québec, Montréal, août 2015.

monnaie, l'adoption d'un régime de change flottant, et/ou encore le renflouement des banques commerciales par la banque centrale »[26].

Cette analyse emprunte le raisonnement à l'approche des crises de 2e et 3e générations ; elle prend en compte les facteurs tant macroéconomiques que microéconomiques pour expliquer les crises jumelles et leur impact sur les économies africaines. Elle propose l'adoption des régimes intermédiaires. Pour Sêgnon, il est souhaitable d'adopter un régime de change flexible, accompagné d'une hausse temporaire des droits de douane sur les revenus d'exportation en devises, afin de doter le pays d'une large couverture de liquidités utiles à l'économie.

Outre ces travaux, d'autres consacrés à l'estimation du taux de change effectif réel ont été aussi réalisés par quelques chercheurs, notamment pour le cas du Maroc, de l'Algérie, de la Tunisie, du Togo et du Cameroun[27]. La leçon générale tirée est que le taux de change dans les pays en développement non émergents, essentiellement agricoles, est influencé par le niveau des exportations, des importations, des termes de l'échange, de contrôle des capitaux, des investissements et des dépenses du gouvernement. Des modèles économétriques ont été conçus pour tester cette approche[28]. La conclusion ramène aux crises de 1re génération.

---

[26] Sêgnon Tovignon, *op. cit.*

[27] Ali Abdallah, *Taux de change réel de l'équilibre pour un pays PED, Application au pays du Maghreb*, Université de Paris 12 ; Mireille Linjouom, « Estimation du taux de change réel d'équilibre et choix d'un régime de change pour le Cameroun », *Eurisco, Cahier n° 3*, 2004.

[28] Ali Abdallah, « Taux de change et performance économique dans les pays en développement ; exemple du Maghreb », thèse de doctorat en sciences économiques, Paris, 2002.

Au Congo-Kinshasa, les études détaillées sur le sujet coïncident avec la crise de surprime. Bien avant, il n'existait que des rapports de la banque centrale et des institutions de Breton Woods. Les recherches universitaires sont restées rares, n'abordant pas le débat en termes des avantages de tel ou tel régime. Les auteurs ne partageaient pas l'idée classique selon laquelle le régime de change fixe serait le mieux indiqué, ni celui de change flottant. Il s'agissait des analyses basées sur l'impact des politiques économiques et sur la corrélation entre différents fondamentaux et le taux de change.

4. Les leçons d'ensemble

Les études libérales que nous avons épinglées se sont focalisées sur les liens entre crises de change et le régime fixe décidé d'une manière autoritaire par les pouvoirs publics dans les pays concernés. Dans ce contexte, la dépréciation découlant du régime flottant n'est pas comprise comme une crise, mais une autorégulation de taux, en fonction des lois du marché. Le flottement étant un mécanisme d'autorégulation automatique en fonction de la loi du marché, l'équilibre entre l'offre et la demande de la monnaie (devise contre monnaie nationale) est aussitôt établi par le fait de flottement pur. Les interventions des banques centrales (flottement impur), lorsqu'elles estiment que le recours à des instruments monétaires momentanés s'avère utile pour rétablir l'équilibre, sont fort peu conseillées. Le régime de change flottant pur serait le meilleur, selon les monétaristes. Pour ces auteurs, la spéculation est stabilisatrice. Pas de crise, dès lors que l'allocation de l'offre et de la demande est optimale. Par ailleurs, l'ajustement de la balance courante serait aussi automatique dès lors que les capitaux frais conduisent à l'absorption du déficit courant dans une économie ouverte.

Nous pouvons pourtant affirmer que la dépréciation n'est pas une autorégulation stabilisatrice ; elle conduit aussi à la remise en cause des théories relatives aux avantages du régime de change flottant. Mundell et Kindelberger l'ont démontré abondamment. Dans la mesure où le manque d'équilibre entre l'offre et la demande persiste, il est logique que la dérégulation des fondamentaux macroéconomiques et microéconomiques par contagion s'installe et conduise à la récession, au chômage et à l'inflation. Le déficit de la balance courante, principal facteur de déclenchement, peut perdurer et affecter le niveau de l'épargne (des réserves) nettement inférieure aux besoins exprimés. Il est évident qu'en fonction de chaque économie nationale, de l'importance des interactions des titres sur les marchés financiers, etc., telle ou telle autre approche peut être vérifiée.

Le modèle monétaire attribué à Mundell et Frenkel se fonde sur une parfaite substituabilité entre les titres domestiques et étrangers. L'excès de la demande locale d'une monnaie par rapport à une autre peut entraîner l'accroissement de la base monétaire. Cet excès est une source de dépréciation de la monnaie dont la masse s'accroît par rapport à une autre. Chez Frenkel, la référence est faite au modèle de taux de change à long terme dont les liens d'équilibre sont établis, non pas par la PPA, mais par l'évolution des taux d'intérêt. Selon cette approche, la rigidité des prix à court terme conduit à une baisse de l'offre réelle de monnaie ; celle-ci génère une hausse des taux d'intérêt. L'augmentation des taux stimule l'entrée de capitaux et conduit à une appréciation du taux de change nominal qui, à son tour, entraîne une appréciation du taux de change réel. À la différence de Mundell, Frenkel croit que la baisse du taux d'intérêt domestique augmente la demande de monnaie et aboutit à une appréciation de la monnaie nationale. Alors que chez Mundell la baisse réduit les entrées de capitaux et impacte négativement la monnaie nationale. Les investisseurs recherchent les meilleurs placements influencés par les différentiels des taux.

Ces analyses ramènent à l'approche keynésienne de taux d'intérêt couvert et non couvert en tant que déterminant du taux de change. La hausse des taux d'intérêt attirerait l'entrée des capitaux ; cette entrée accroît le volume de la devise étrangère, entraîne également une appréciation de la monnaie locale et permet d'établir un équilibre en fonction des rendements attendus. Mais cette réaction due à l'entrée des capitaux sur le marché n'est pas, dans tous les cas, automatique. L'équilibre dépend de l'importance du marché monétaire ou financier en question. Dans les pays à économie faible où les flux et reflux monétaires et financiers journaliers (ou à terme) sont dérisoires, le niveau des prix des monnaies (rendement) n'influe pas dans l'immédiat sur les niveaux des investisseurs. Au Congo-Kinshasa, le marché financier ouvert aux investisseurs étrangers influencés par les rendements des placements et des prêts est nul. Il n'existe pas à ce jour, les titres : actions, obligations et produits dérivés dont les prix et les rendements impactent le niveau du taux de change. Seul le marché interbancaire domine les transactions financières.

Une étude sur la faiblesse du système bancaire conduit à la conclusion selon laquelle : « L'accès au marché primaire est limité aux banques commerciales, détenant des comptes auprès de la banque centrale ; les investisseurs, y compris les investisseurs institutionnels et individuels, doivent soumettre des offres à travers des banques. Il n'existe pas de marché des produits dérivés dans le pays »[29]. L'approche financière ou de portefeuilles

---

[29] « Making finance work for Africa », in https://www.mfw4a.org/fr/republique-democratique-du-congo/le-secteur-financier.html#c10719

développée par Branson explique la variation des taux de change à travers l'examen des interactions de la balance courante avec celle des capitaux. Les rapports d'équilibre entre les deux comptes concernent : le volume de la monnaie domestique, les parts des actifs financiers domestiques, les actifs financiers étrangers, le taux de rendement des obligations étrangères et la balance des paiements (accumulation d'obligations étrangères).

Toujours dans ce contexte de taux de change des actifs à long terme, il y a lieu d'y associer l'approche de la parité de taux d'intérêt couvert ou non couvert. En effet, pour éviter les pertes dues à la variation des taux de change, les prêteurs se couvrent contre les risques en achetant aujourd'hui la monnaie exigée pour le remboursement futur ; il se couvre ainsi contre la variation du taux de change au moment de remboursement du montant emprunté. La spéculation concerne la prise des risques. C'est le jeu du hasard. À titre d'exemple : un agent (banque aussi) qui anticipe une hausse du dollar en termes d'euros peut décider l'achat du dollar contre euros et attendre la hausse de la monnaie américaine pour la revendre contre euros. Il gagne le bénéfice en euros, égal à la différence des cours. Tandis que l'arbitrage est le fait de comparer les différents taux de change sur plusieurs marchés boursiers, et décider ensuite sur l'achat ou la vente de la devise en misant sur les gains. Remarquons, en fin de compte, que l'intégration financière internationale permet aujourd'hui des transactions des flux importants des capitaux entre les États. Les monnaies s'échangent (se vendent) les unes contre les autres, soit sur les places boursières, soit auprès des cambistes et des banquiers. Le prix ou la parité peut être fixe ou flottant, selon les cas.

Dans le premier cas, l'autorité monétaire détermine des marges de fluctuation plus au moins acceptables au sein desquelles la monnaie peut être dévaluée ou surévaluée.

L'autorité peut ainsi éviter l'écart profond entre le taux officiel et le taux parallèle. Dans le second cas, il existe le flottement pur, en fonction de l'offre et de la demande, sans aucune intervention autoritaire ; et si ce n'est pas le cas, les interventions ponctuelles tempèrent le flottement. Ces règles ont pour but de stabiliser les monnaies et d'assurer les échanges internationaux et les mouvements des capitaux. Elles aident également à relativiser les impacts négatifs de brusques variations sur les niveaux des prix, sur les profits des entreprises, sur la concurrence et sur des prix des monnaies par le fait de limiter les crédits ou à accroitre leurs coûts de manière à décourager l'accès facile. Notons également que parmi les autres mesures envisagées par l'autorité monétaire, il y a l'imposition des taux de réserves obligatoires (stérilisation). Les sources de dépréciation sont donc variées. Outre le dépassement des dépenses publiques et l'offre facile des crédits bancaires à des prix très bas, il existe une dépréciation liée à des causes exogènes : les anticipations rationnelles des agents économiques dues à l'inflation importée, à la crainte des chocs brusques (crise systémique ou crise de liquidité localisée dans une région ayant une forte intégration financière et réelle avec la monnaie concernée) ou encore, aux déficits de la balance des paiements.

Ajoutons à ces causes, la spéculation des cambistes qui profitent de laxisme de l'autorité monétaire et réagissent à tout risque dans le but de se protéger ou de gagner facilement l'argent. Les critiques formulées par Mundell contre les arguments en faveur du taux de change fixe demeurent valables. Il note : « qu'il n'y a jamais eu de stabilité de change mais plutôt, au contraire, une dramatique volatilité ; qu'il n'y a pas non plus de convergence des taux d'intérêt ; que c'est la spéculation qui s'est installée, avec de nombreuses attaques erratiques contre les monnaies ;

que les chocs n'ont pas été atténués mais aggravés par les changes »[30].

[30] wikipedia.org

CHAPITRE 3

LA NOUVELLE MACROÉCONOMIE ET LES CRISES DE CHANGE

Nous avons souligné au cours du second chapitre, comment les crises jumelles caractérisent l'économie mondiale au cours des 30 dernières années. Les régimes de change, qu'ils soient fixes ou flottants, ne permettent pas d'éviter les chutes des monnaies. Les approches classiques et keynésiennes ont servi de recours dans la recherche des équilibres. Or, les crises qui se sont succédé attestent les failles des deux courants de pensée. Une nouvelle macroéconomie est née à dater des crises des années 70/80. Elle porte sur la politique économique de rationnement. Elle est fondée sur les conflits possibles entre différents objectifs visés par les différentes approches et différents instruments des politiques monétaires et budgétaires. Cette nouvelle macroéconomie marque le croisement entre néoclassiques et néokeynésiens[31].

1. La remise en question des politiques économiques classiques et keynésiennes

Cette nouvelle théorie renvoie à l'idée des choix des politiques économiques face aux déséquilibres en vue d'y répondre (résolution des crises). Elle suggère les nouveaux choix économiques en cas des crises de l'offre, de la demande (biens et services), de la monnaie et de l'emploi ; en cas aussi de celle des comptes extérieurs. Durant les

---

[31] Lire la réflexion de Bruno Ventelou, « Les grands courants. Nouveaux keynésiens, nouveaux classiques : vers une nouvelle synthèse ? » in *La pensée économique contemporaine. Cahiers français* n° 363.

crises jumelles des années 70/80, les aides publiques, le soutien à l'emploi, le redressement industriel (relance de la production et de la consommation à la fois) dans plusieurs pays industrialisés ont été menés avec rationnement sans recours à l'orthodoxie classique. La logique de ces interventions publiques était fondée sur la gestion de l'incertitude et celle de conséquences liées à l'asymétrie de l'information. Dans l'ensemble, il s'agit de la synthèse des idées néoclassiques et néokeynésiennes. Cette régulation discrétionnaire, non conventionnelle[32], implique à ignorer la recherche à tout prix de l'équilibre général walrasien.

La synthèse se justifie du fait que les déséquilibres sont inhérents à l'évolution économique. Pour sortir d'une crise, il n'existe pas de solution idéale qui laisse la place aux seuls mécanismes d'autorégulation du marché par l'équilibre de l'offre et de la demande. La main visible a son importance (Keynes) ; elle oriente le comportement des marchés, recherche les points de corrélations des variables, scrute l'information, minimise les risques, anticipe les failles (tendances), rétablit les équilibres, etc. Le marché a aussi besoin d'une régulation et non d'un interventionnisme autoritaire des pouvoirs publics. Ce rôle de régulation a été mené par les banques centrales (approches de rigueur et expansionniste à la fois, mais avec dose), intervenant en dernier ressort, avec l'aide des conseils fournis par les

---

[32] Jean-Pierre Allegret, *Le renouvellement de la politique monétaire (I) : quelle place pour la politique monétaire non conventionnelle dans le futur ?*, avril 2017 ; J.-P. Allegret et C. Cornand (2013), « Une analyse informationnelle de la crise financière récente », *Revue française d'économie*, vol. 28, 2013/3, p. 213-264 ; C. Antonin, C. Blot, P. Hubert, F. Labondance, C. Mathieu, C. Rifflart et V. Touzé (2013), « Politiques monétaires : est-ce le début de la fin ? », *Revue de l'OFCE / Analyse et prévisions*, n° 130, p. 225-262. ; L. Ball (2014), "The case for a long-run inflation target of four percent", *IMF Working Paper*, WP/14/92, juin.

analyses des différents auteurs qui se sont intéressés aux solutions des crises des années 70/80, notamment : Robert Clower (1965), Axel Leijonhufvud (1967-68), Edmond Malinvaud (1977), J-P Bénassy (1976), Krugman (1979, 2000) Tornell (1999)[33]. Les marchés financiers : bourses et banques en difficulté ne pouvaient assumer le rôle classique de fournir la liquidité, d'autant plus que les banques (certaines) étaient en faillite.

Ainsi est apparue l'importance de la place de l'État dans la régulation des déséquilibres. Keynes était ressuscité. Car, les néokeynésiens ont réussi à établir le pont avec les néoclassiques. En Europe, le montant de 155,85 milliards d'euros était nécessaire pour sauver les banques. De même, aux États-Unis, on a compté 11 banques en faillite ; la Fed a assuré à ce sujet les prêts estimés entre 400 et 600 milliards, selon l'OCDE ; entre 650 et 945 milliards selon le FMI. Dans un tel contexte, chaque pays a entrepris la recherche des remèdes par le recours à l'expansion des crédits, mais d'une manière sélective. Le rôle de l'État étant mis en exergue, il s'est avéré que la théorie classique de la main invisible était devenue une fiction face aux échecs de l'auto stabilisation des marchés.

En effet, dans une période de crise systémique, comme celle vécue (surprime), quel choix fallait-il opérer entre le recours à la restriction et à l'expansion des dépenses ? Du point de vue classique, la politique de restriction est conseillée. Or, il s'est avéré qu'elle ne présentait pas la solution idéale ? Fallait-il sauver l'emploi en priorité ou redresser l'offre ? Fallait-il viser un seuil de l'inflation sans veiller à l'accroissement de la masse monétaire dû aux avances de la banque centrale ? Quelle simulation réussirait ? Fallait-il baisser ou hausser les taux d'intérêt sans tenir compte du taux de croissance visé ?

[33] Wikipédia, Le néokeynésianisme, 2017.

Fallait-il racheter les titres hypothécaires risqués, les billets de trésorerie et les obligations privées sur les marchés, alors que ces titres toxiques n'avaient plus de valeur ? Fallait-il abandonner les entreprises en faillite ou leur accorder des prêts, de quelle nature, tout en tenant compte du poids de la dette publique ? Fallait-il rétablir certaines barrières commerciales et soutenir les entreprises moins compétitives sans entraver le libre-échange ? Bref, quelles politiques monétaire et budgétaire étaient nécessaires dans une situation de crise systémique ? D'où la logique de politique de rationnement.

Sur le plan industriel également, quelle politique était indiquée pour sortir de la crise, tout en veillant au ratio dette publique/PIB ? Quel secteur était prioritaire dans un contexte de crise systémique ? Dans tous les cas, il apparaît évident que les politiques discrétionnaires (volontaristes) valaient de la peine. La condition indispensable pour chaque pays était de disposer de l'épargne nationale nécessaire : revenu de seigneuriage et réserves accumulées. Les recettes fiscales ne peuvent prévaloir durant la récession ; bien au contraire, c'est le moment où le choix de réduction des impôts devient une nécessité. Sans l'épargne, il serait impossible aux banques centrales de jouer leur rôle de prêteur en dernier ressort ; dans le cas contraire, les déficits et l'endettement excessif s'en suivraient.

2. Le contenu théorique de la nouvelle macroéconomie

Les thèses soutenues dès le début des années 70 à propos de sortie des crises ont permis de relativiser les politiques orthodoxes (classiques et keynésiennes) sur les défaillances du marché et les mesures de relance en période de récession[34]. Les auteurs ont établi un pont (synthèse) en

---

[34] Robert Boyer, « De la théorie générale à la Nouvelle économie

introduisant un élément nouveau : l'analyse des mécanismes de transmission des chocs monétaires et les remèdes. Les déséquilibres des marchés sont dus à bien de facteurs, autre que le niveau de l'offre et de la demande, comme enseigné chez les classiques. Le niveau du prix de l'équilibre n'est pas nécessairement celui qui se situe entre le plancher et le plafond. Cette nouvelle macroéconomie a jeté les bases de la nouvelle pensée sur les cycles de l'activité économique réelle et sur les interventions pour la relance et la stabilisation[35]. Elles partent de l'idée que le marché ne s'autorégule pas automatiquement. Les déséquilibres sont le propre des économies du marché, qu'il soit celui des biens et des services, celui du travail ou celui des capitaux. Ces déséquilibres étant inévitables, elles nécessitent des solutions ad hoc. Les meilleures (solutions) en cas d'incertitude consistent à l'anticipation et l'adaptation rationnelle. Loin de la pensée orthodoxe, cette nouvelle économie dite contemporaine s'impose. Elle se résume par des idées simples : le marché est constitué par des interactions des agents dont le comportement n'est pas figé, mais correspondant à des anticipations et s'affrontant à l'asymétrie de l'information relative à l'offre, à la demande, au prix, aux préférences. Dès lors, toute politique monétaire ou budgétaire en cas des déséquilibres est une politique de rationnement ; un jeu d'équilibre non optimal. Comme chez Nash (théorie des jeux), un équilibre n'implique pas qu'il soit nécessairement optimal.

Pascal Bénassy, un des auteurs de cette école note à propos des objectifs principaux qu'il peut exister quatre déséquilibres : a) le chômage déflationniste ou keynésien peut être une situation caractérisée par un excès

---

classique : Une réflexion sur la nouveauté en macroéconomie » ; in *Cahiers d'Économie Politique*, Année 1998, 33, p. 7-56.

35 Agnès Bénassy-Quéré, Benoît Cœuré, Pierre Jacquet, Jean Pisani-Ferry, *Politique économique*, De Boeck, 3e édition, 2012.

d'offre sur le marché du travail et un excès d'offre sur le marché des biens. Les entreprises ne réalisent pas absolument leur offre notionnelle et les travailleurs ne réalisent pas leur demande de travail notionnelle ; b) il existe une inflation contenue dans un régime des prix fixes ou exogènes à court terme ; c) le chômage classique ou stagflation peut aussi être une situation qui résulte de l'excès d'offre sur le marché du travail et d'un excès de demande sur le marché des biens. Les ménages sont doublement contraints alors que les entreprises réalisent leur offre et demande notionnelles pour les biens et le travail ; d) il existe aussi une situation d'excès d'offre sur le marché des biens et d'excès de demande sur le marché du travail. Les entreprises sont doublement contraintes alors que les ménages réalisent leur offre et leur demande (idéale). C'est un cas limite, soit de la déflation, soit de l'inflation et ne peut que dégénérer, soit vers l'une ou l'autre situation[36]. Comment établir les équilibres classiques dans ces cas de figure ?

Le rationnement apparaît comme la voie indiquée lorsqu'on se trouve dans un contexte des ruptures qui ne peuvent être résolues en termes de l'équilibre général walrasien ou néokeynésien (approche de l'équilibre LM/IS). La nouvelle école n'ignore pas l'autorégulation. Elle ne s'écarte pas totalement de Keynes ni des classiques ; elle considère que le sous-emploi persistant peut être lié à l'insuffisance de la demande, mais l'offre du travail peut aussi s'avérer rigide en dépit de soutien de la demande. Le marché ne s'autorégule pas aussitôt que la demande est tirée vers le haut. Les déséquilibres sont inévitables. Il existe une différence entre l'offre et la demande souhaitées et réalisées. Les politiques économiques (budgétaire et monétaire) d'austérité ne sont pas nécessairement valables

---

[36] KASMI, « L'approche de la crise des économies planifiées par les théories du déséquilibre », thèse.univlyon2.fr/documents/lyon2.2008.

en période des crises. Les modèles de régulation sont discrétionnaires. Cette explication des faits souligne les limites des théories classiques sur l'équilibre général des marchés. De même que l'offre ne correspond pas nécessairement à une demande d'équilibre, la demande ne correspond pas absolument au niveau de l'offre pour atteindre un équilibre idéal. L'asymétrie de l'information conduit à un comportement incertain des producteurs et des consommateurs. L'école construit un meilleur pont entre la macroéconomie et la microéconomie. S'approchant des monétaristes, les auteurs admettent la nécessité de réduire les coûts du travail par la diminution des charges sociales sur les bas salaires, ils conseillent les aides à la relance, le soutien à certaines industries nationales jeunes ou encore fragiles, mais d'une manière discrétionnaire (rationnement). Les éléments majeurs de cette pensée sur le cycle des fluctuations économiques sont : les anticipations des agents économiques, les prévisions parfaites ou imparfaites, l'arbitrage dosé entre inflation et chômage, le rôle de l'information asymétrique, la différence entre offre et demande souhaitées et réalisées[37].

Châteauneuf-Malclès et Pascal Le Merrer renseignent à ce propos que, à la suite des leçons de la crise de 1929 et de l'expérience japonaise des années 1990, les banques centrales ont adopté des politiques monétaires actives et les gouvernements sont intervenus pour assurer le sauvetage des banques (recapitalisations, nationalisations). Elles ont

---

[37] Pour cette école, « le chômage n'est pas forcément volontaire, d'autant que quand le chômage devient très important, il n'est plus volontaire. Les économies fonctionnent loin de l'équilibre, cette notion d'équilibre est alors remise en cause notamment l'équilibre de plein-emploi ». Dès lors, la solution à une récession ne peut être raisonnée dans le seul cadre théorique de l'équilibre général. Le comportement microéconomique doit éclairer les choix des politiques macroéconomiques relatives à la recherche de sortie des crises.

également financé des plans de relance de grande ampleur, notamment pour soutenir l'activité industrielle. La crise de 2008, précisent-ils, a également « redonné à la politique budgétaire avec rationnement une place centrale en tant qu'instrument macroéconomique et a montré les limites des instruments classiques de la politique monétaire (situation de trappe à liquidité), conduisant à un élargissement des outils de la politique monétaire (politiques non conventionnelles) et à un recours accru à la réglementation pour diminuer le risque systémique ». « Cette crise, notent les auteurs, a permis de réexaminer les fondements théoriques des politiques économiques conjoncturelles, notamment par la réhabilitation de la pensée keynésienne et la redécouverte des analyses d'économistes hétérodoxes comme Hyman Minsky et Kindelberg, relatives au caractère structurel et endogène des crises financières dans les économies capitalistes. »[38] Hyman, le théoricien de l'instabilité financière, est devenu célèbre, à titre posthume, pour avoir prédit les crises financières. À l'époque, il soutenait que l'embellie entraîne la folie des prêts. La ruée vers les crédits dont la nature toxique n'est pas prévisible peut conduire à la rentabilité à court terme ; par la suite, elle entraîne la baisse de rentabilité et la bulle spéculative. Le non-remboursement dû au coût élevé et à la baisse de la rentabilité conduit à des crises. Les marchés étant connectés, elles occasionnent la contagion des effets. Ces effets se propagent et entraînent l'illiquidité, et par la suite, l'insolvabilité. La crise de surprime en est un exemple.

À ce propos, la Chine, dont l'économie était plus ou moins épargnée à cause de faibles effets sur son industrie et son marché bancaire, a joué un rôle majeur de locomotive, notamment par l'injection des flux financiers importants

[38] Châteauneuf-Malclès, Pascal Le Merrer, « Politiques économiques : Les leçons de la crise », in *Ressources en sciences économiques et sociales*, 2011.

dans l'économie mondiale, à travers l'achat des bons du Trésor, les prises de participation dans les entreprises occidentales et les soutiens financiers directs sous forme de prêts[39].

[39] Thomas Vendryes, « La Chine face à la crise financière », in *Alternatives économiques*, octobre 2008.

CHAPITRE 4

LES DIFFÉRENTES DÉPRÉCIATIONS DU FRANC CONGOLAIS ET EFFET D'HYSTÉRÈSE

Au vu de la typologie des crises que nous venons d'explorer, comment se caractérisent les crises de change de la monnaie congolaise ? Celle-ci (crise) serait-elle de quelle génération ? Quels sont les facteurs déclencheurs des trois crises que nous allons examiner ? Pourquoi l'équilibre pré-crise n'est-il jamais rétabli, dès lors que les facteurs déclencheurs sont maîtrisés ? Un test de corrélation des 8 variables est appliqué pour appuyer nos résultats.

1. Les crises du franc congolais : crises de première génération

Des analyses réalisées par les experts financiers existent sur le sujet. Il importe néanmoins de savoir comment approcher la dépréciation du franc congolais depuis le début de sa chute en 2001. Bien entendu, la réponse est simple. Les théories renseignent que les déficits financés par les avances de la banque centrale, une forte inflation, des taux d'intérêt très bas, le déficit du compte courant, etc., peuvent entraîner la dépréciation d'une monnaie. L'approche microéconomique souligne les failles des marchés et des banques ainsi que les bilans négatifs des entreprises. Si l'on observe le cas du Congo-Kinshasa, la trajectoire du taux de change indique que les avances de la banque centrale, le recours à l'expansion monétaire (masse de plus), les niveaux des taux d'intérêt, les niveaux de l'inflation, etc., sont corrélés avec la dépréciation. Mais la prudence s'impose. Nous allons revenir à cet aspect plus loin. Notons qu'il est facile de croire que celle-ci est causée principalement par les facteurs énumérés. Si la corrélation existe, mais qu'est-ce qui déclenche réellement la chute du taux de change au départ ? C'est là la question essentielle. Nous soutenons que le déclencheur reste le niveau des avoirs extérieurs et les chocs dus à la tendance des prix des produits de base échangés par le pays. Ces deux variables revoient à la santé économique générale, c'est-à-dire, à sa structure. Il ne faut pas nécessairement recourir à l'analyse économétrique pour le prouver. Nous soutenons que l'approche monétaire explique la crise de change au Congo ; de même, le niveau même de l'économie (très faible) exprimé par ses fondamentaux détermine aussi la valeur de la monnaie. Le marché financier est très faible, voire nul. Les marchés des actions et obligations sont encore méconnus ; les banques se refinancent par des prêts entre elles, ou entre elles et la banque centrale. Le public ignore l'idée des placements rentables.

En 2012, les statistiques relatives au système bancaire indiquent que les points d'exploitation pour toute l'étendue du territoire national étaient 278 à peine, les clients actifs étaient à 1,2 million, les comptes étaient au nombre de 1,9 million, tandis que les dépôts et les crédits étaient respectivement de 2,7 millions et 1,4 million de dollars américains[40]. En 2013, le taux de financement de l'économie n'était que de 7,3 %, celui de bancarisation de 5 %, tandis que la mobilisation de l'épargne n'était que de 15,1 %. Le crédit formel au secteur privé était moins de 3 %. Les banques d'investissement prêtent davantage aux industriels miniers et aux organismes étrangers. Les ménages et les petites entreprises sont quasi exclus de ce circuit bancaire, à l'exception des crédits à l'import/export. Ce constat permet d'affirmer que les crises de change au

---

[40] Laurent Essolomwa, « Marché boursier en RDC : le secteur privé encore dubitatif », in *Agence d'information d'Afrique centrale*, avril 2014.

Congo-Kinshasa sont de première génération. L'excès de la demande de la monnaie étrangère (rare) entraîne la dépréciation de la monnaie locale. Le solde régulièrement négatif de la balance courante, non compensé par l'entrée des capitaux (investissements étrangers) est aussi la cause de la détérioration du taux de change. La variation du taux impacte non seulement le niveau des prix, mais aussi celui de coût de production, le niveau de la consommation, celui de l'épargne, du commerce et des investissements à court ou à long terme, ainsi que celui de la balance des paiements. Le schéma suivant démontre bien qu'une crise monétaire qui dure impacte aussi la sphère réelle de l'économie.

Schéma 1. Le schéma de transmission des crises : de la sphère financière à l'économie réelle

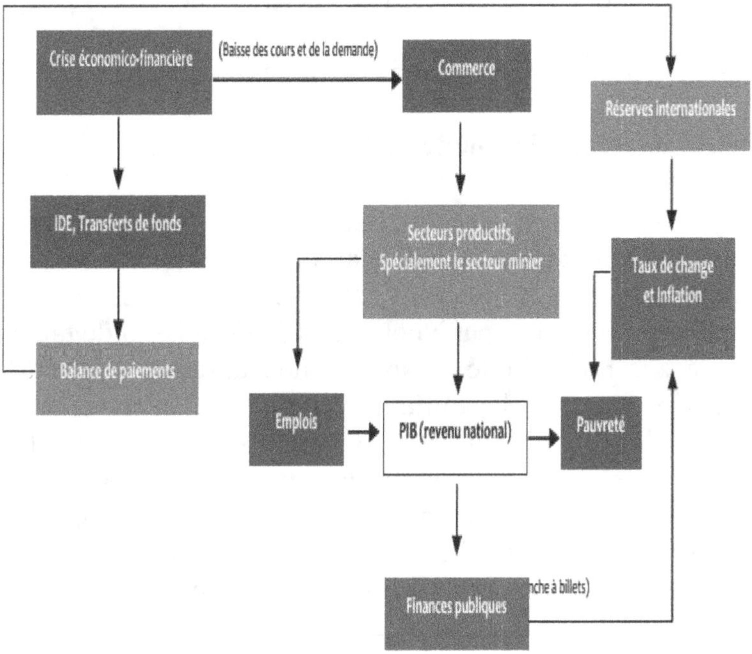

Rappelons que des chocs temporaires peuvent produire des effets permanents. Des crises de change répétées peuvent conduire à des politiques économiques de précaution et de relance, sans retour à un équilibre initial ou optimal de la parité à long terme. Même si l'économie retrouve son rythme de croissance normal, les réserves de change augmentent, le déficit courant s'atténue et les termes d'échange s'améliorent, le taux peut ne pas retomber à son niveau de pré-crise. Ce phénomène, non encore élucidé pour les cas de petites économies ouvertes, mérite des réflexions plus poussées en ce qui concerne l'évolution des taux de change qui, en dépit de la stabilisation, ne retombent pas à l'équilibre initial. Le taux de change du franc congolais présente cette caractéristique.

2. Les trois dépréciations et leurs explications

2.1. La dépréciation de 2001 à 2007

Nous l'avons déjà dit, l'actuel franc congolais date de juin 1998. Sa valeur initiale était de 1,3 FC pour 1 $. Cette émission était fortement souhaitée pour des raisons multiples évoquées par Noël Tshiani. Il s'agissait de mettre fin à « la multiplicité d'espaces monétaires et de taux de change, à la perte de confiance généralisée dans la monnaie nationale, à la dollarisation excessive de l'économie et la pénurie de signes monétaires au sein du système bancaire, à la rupture de la parité interne entre la monnaie scripturale et la monnaie fiduciaire »[41]. Mais la stabilité voulue ainsi que le rétablissement de la confiance n'ont pas tenu pour

[41] Noël Tshiani, *Pour une monnaie nationale crédible au Congo*, Financial Afrik, 2013.

longtemps. Certes, de 1998 jusqu'à 2001, soit ± 3 ans après, le taux est resté plus ou moins soutenable en dépit des dépenses liées à la guerre ; par ailleurs, durant la même période, le budget élaboré par le premier gouvernement de l'après Mobutu ne dépassait pas 300 millions de dollars. Les principales exportations (minerais) ne dépassaient pas, non plus, le volume de 30 000 tonnes. C'est à dater de 2001 que la valeur du franc congolais a pris sa course folle, et elle continue de descendre par ailleurs. Le taux de liquidité est resté dès lors très faible ; la dollarisation officialisée a entamé la confiance des agents économiques. La chute a poussé à la disparition de certains signes à valeur faciale faible. À peine, les billets de 100 et 200 FC sont encore d'usage. Les petites coupures de 10, 20 et 50 FC ne sont plus en circulation dans certains milieux. La rumeur porte sur l'existence de l'émission de nouvelles coupures de 50 000 francs, en plus de la coupure de 20 et 10 mille déjà en circulation.

Certes, cette dépréciation n'était pas due absolument aux diverses politiques économiques mises en route durant, comme certains le pensent, mais à l'emboîtement des faits, les uns sur les autres. Le recours excessif à la création de masse monétaire, le flottement pur, la fixation simulée des taux d'intérêt, le déficit de la balance courante, l'hyperinflation en sont les causes. Nous pouvons affirmer que chasser le naturel, il revient en galopant. La réforme de 1988 a failli parce que le naturel était là ; les causes structurelles étaient intactes. Il convient aussi d'ajouter à la liste l'impact de la dollarisation, la détérioration des termes de l'échange et l'application du programme PPTE[42].

Bien que prévisible au début comme nous venons de le souligner ci-haut, cette dépréciation est restée rampante, et avec impact indirect sur les autres fondamentaux jusqu'à

[42] Programme « Initiative Pays pauvre très endetté » avec les institutions de Bretton Woods.

l'éclatement de la crise de surprime. Tant que le niveau des réserves était soutenable, la bonne tenue des prix des matières premières autorisait l'entrée des capitaux (recettes fiscales et nouveaux investissements dans le secteur minier et de construction), il n'y avait pas panique. Les signaux (de dépréciation) passaient inaperçus. En ce qui concerne l'initiative PPTE, Arnaud Zacharie, fait voir que « L'accès à un allégement était conditionné par l'application de deux phases de réformes d'ajustement allant de trois à six ans. Bien que rebaptisées "cadre stratégique de lutte contre la pauvreté", ce cadre n'était pas différent de l'ancien ajustement structurel imposé par le consensus de Washington »[43]. Les réformes économiques sont restées les mêmes que celles appliquées au sein des programmes d'*ajustement structurel* : libéralisation et privatisations massives ; austérité budgétaire et fiscalité indirecte élevée ; politique économique basée sur le tout à l'exportation.

Mais, pour quelles raisons, l'impact positif n'a pas eu lieu, notamment sur la stabilité du taux de change ? Comme le souligne l'auteur : « les pays pauvres soumis à cette initiative sont restés condamnés à l'exode des capitaux (la libéralisation facilitant l'évasion fiscale et les rapatriements de bénéfices), à l'appauvrissement des populations locales (touchées de plein fouet par la TVA élevée et le démantèlement des services publics) et à la dépendance envers quelques produits d'exportation dont la valeur ne cessait de chuter sur les marchés mondiaux »[44].

De 2001 à 2007, la privatisation du secteur minier débute avec enthousiasme. Elle ouvre les portes aux IDE durant la gouvernance du nouveau pouvoir. L'exode fiscal n'était pas prononcé. Les exportations ont été bénéfiques durant. Elles ont amélioré le solde extérieur. Les nouveaux capitaux ont amélioré la position de la balance des

---

[43] Comité pour l'absolution des dettes illégitimes, mars 2001.

[44] Arnaud Zacharie, *idem*.

paiements. Car, bien avant cette période, la situation n'était pas la même. Éric Mayavangua Dikondo[45], renseigne en effet : « qu'au déficit criant du compte des transactions courantes depuis 1989, et donc, au repli de l'offre de devises, le choc de la demande des devises via les émissions monétaires s'est traduit par des dépréciations de la monnaie nationale face aux devises étrangères. Ainsi, les financements débridés des déficits du secteur public (du Trésor et de la banque centrale du Congo) étaient la cause première de la dépréciation de la monnaie nationale ». Il souligne par ailleurs que l'inadéquation entre cette expansion monétaire causée par la monétisation du déficit structurel des finances publiques et l'atonie de l'activité de production a constitué la principale cause de l'accélération de l'inflation.

Et l'inflation a entraîné la dépréciation. C'est aussi l'avis des auteurs du rapport d'évaluation de l'IPPT qui notent que « L'évolution du taux de change a été contrastée, mais étroitement corrélée à celle de l'inflation. Elle a été en général tributaire du comportement des finances publiques. Dans ce cadre, au cours des années où l'inflation était en recul, on pouvait observer une moindre volatilité du taux de change, avec des phases d'appréciation transitoires »[46].

C'est à partir de la dollarisation officielle de l'économie que la dépréciation a entamé sa course. La banque centrale démontre qu'en 2001, le taux d'inflation a atteint 357,3 %. Oui, l'inflation galopante a eu lieu. Mais était-elle la source de la dépréciation ? Non, elle était la conséquence et non la cause. Cette hyperinflation conjuguée avec la dollarisation de l'économie a conduit à la

---

[45] Éric Mayavangua Dikondo, « Le financement du déficit budgétaire par la dette extérieure : cas de la RDC », Mémoire de licence, Université libre de Kinshasa, 2008.

[46] Table rase et après ? Évaluation de l'allègement de la dette en République démocratique du Congo, 2003-2010. (2012).

désintermédiation bancaire. Les cambistes ont envahi les rues et ils ont donné lieu à la spéculation. La spirale étant ouverte à partir de 2001, bien que le yoyo ait été observé, marqué par des accalmies momentanées, il y a eu une relative stabilité de solde excédentaire de 9 773,5 millions de FC de janvier à juillet 2004.

Ceci ne veut pas dire que ce solde a stabilisé le taux de change. Car, à partir d'août 2004, les opérations du Trésor se sont soldées à nouveau par un déficit de 26 395,8 millions de FC financés exclusivement par les avances de la Banque centrale du Congo. Il s'est ensuivi de forte dépréciation du franc, soit une perte mensuelle moyenne de 2,58 % contre 0,61 % entre janvier et juillet. L'inflation s'est accélérée, passant à 5,74 % de septembre à décembre 2004 contre 3,46 % à la première sous période. Ces tendances se sont poursuivies jusqu'en janvier 2005 où le taux de change moyen par rapport au dollar américain a été de 465,81 FC contre 444,40 FC en décembre 2004, soit une dépréciation de 4,6 % par rapport au dollar, selon l'Ires[47].

Comme nous venons de le souligner plus haut, cette analyse repose la question du déclencheur de la crise. Il faut éviter de prendre des conséquences comme facteur principal déclencheur de crise de change. L'inflation découle de l'expansion des dépenses ; celle-ci est le fait des déficits budgétaires ; les déficits budgétaires sont expliqués par la faiblesse (fraude) des rentrées fiscales ; cette faiblesse est due, entre autres, à la chute des prix des matières premières, à la fraude et à la sécheresse des devises. Ces conséquences sont la source de la dépréciation, et celle-ci se combine par dynamisme, avec l'inflation, l'expansion monétaire et de déficit budgétaire par effet de contagion.

---

[47] Éric Mayavangua Dikondo, *op. cit.*

Faut-il rappeler que généralement la transmission de l'impact se manifeste lorsqu'elle touche le tissu économique et affecte les fondamentaux économiques. Les manifestations conjoncturelles de courte période sont maîtrisables à travers une batterie des politiques économiques (monétaire et budgétaire). Dans le cas contraire, la crise affecte le reste des agrégats. Ainsi, depuis 2001 jusqu'à ce jour, la monnaie connaît sa perte de valeur, en dépit de quelques périodes de stabilité passagère. Loin d'être une simple crise de change, elle est devenue systémique. Au vu du tableau ci-dessous, la dépréciation ne date pas d'hier. Nous l'avons souligné plus haut, si le rythme de perte de la valeur était faible au début, on note que c'est à dater de 2001 que la dégradation a pris l'allure, alors qu'en 1998, 1,3 FC valait 1 dollar américain. Entre 2001 et 2009, la dépréciation a dépassé les 800 %.

Tableau 1 : Taux de change FC/USD (1998 à 2012)

Date	Taux de change FC/US$	Taux de change US$/FC
Juin 98	1,38	0,724637681
Déc. 98	4,160299778	0,240367294
Déc. 99	4,493100166	0,222563478
Déc. 00	47,26250076	0,021158423
Déc. 01	304,4700012	0,003284396
Déc. 02	333,3251038	0,003000074
Déc. 03	375,000	0,002666667
Déc. 04	440,5000916	0,002270147
Déc. 05	440,0000916	0,002272727
Déc. 06	540,0001221	0,001851851
Déc. 07	549,7501221	0,001819008

Déc. 08	640,2894897	0,001561794
Déc. 09	907,1853027	0,001102311
Déc. 10	915,1295776	0,001092741
Déc. 11	910,8209839	0,001097911
Août 12	920,8209839	0,001085987

Source : The Economist Intelligence Unit Limited 2012.

La chute à partir de 2001 résulte des causes beaucoup plus structurelles que conjoncturelles. La principale est la faible capacité de l'offre nationale et du caractère extraverti de l'économie. Toute économie dont la demande nationale dépend étroitement de l'offre externe (importations) s'expose aux effets néfastes de fluctuation des termes de l'échange. La nécessité de maîtriser le taux de change a conduit à un ajustement passant du flottement impur au flottement pur, pour répondre aux exigences des grandes firmes exportatrices. Cette fluctuation a impacté négativement l'économie du pays. Le réajustement de l'ordre de 84,1 % du taux a fait passer celui-ci de 52 FC pour 1 dollar à 313,5 à partir de juin 2001. Le taux officiel (bancaire) correspondait dès lors au taux du marché (flottement pur). Durant la même période, le prix du pétrole a aussi grimpé. Et comme on peut constater, l'escalade de flottement a atteint son pic à partir de la crise de surprime. En 2009, le taux était de 904 contre 50 FC en 2000. Il y a eu une forte perte du pouvoir d'achat.

Graphique 1 : L'évolution du taux de change de 2001 à 2009

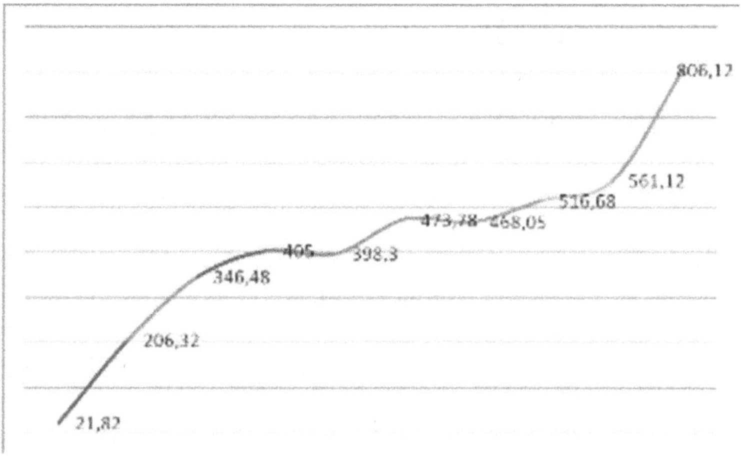

À cette faible capacité de l'offre nationale (production des biens et des services), il y a eu également une forte augmentation des prix des produits pétroliers de 300 % au cours de la même période, se traduisant par une hausse des prix à l'importation largement supérieure, alors que l'indice des prix à l'exportation enregistrait une forte chute. Cette détérioration des termes de l'échange a eu sans doute un impact négatif, provoquant un besoin important des devises étrangères dans l'économie du pays.

Tableau n° 2 : Évolution des termes de l'échange en CDF

(Base 2 000 = 100)

Années	Indice des prix à l'exportation	Indice des prix à l'importation	Termes de l'échange
2000	100,00	100,00	100,00
2001	1 020,9	10 754	94,9
2002	2 020,9	2 508,8	89,3

2003	2 240,1	5 738,4	76,9
2004	4 412,7	5 208,2	44,9
2005	2 339,6	4 895,5	42,1
2006	2 058,7	6 970,2	33,8
2007	4 265,5	10 033,3	42,5
2008	12 239,9	24 842, 8	49,3
2009	11 193,8	26 272,2	42,6

Source : Rapport annuel BCC, 2009.

La mise en œuvre du programme PPTE, bien que n'ayant pas eu l'effet immédiat sur la dépréciation, elle n'a pas été aussi innocente comme on peut le croire ; bien au contraire, l'application a également accompagné la crise sans que l'on s'en rende compte. Certes, ce n'est pas de l'avis des experts des institutions de Breton Woods qui ont financé le déficit public (aide budgétaire) avec des ressources IPPTE durant la période en guise d'appui à l'ajustement ; encore moins des auteurs du Rapport principal d'évaluation de cette initiative[48]. Mais ces mesures d'ajustement devant conduire à la réduction de la dette, dont l'impact sur les grands équilibres n'était pas ignoré, ont été accompagnées par l'obligation de remboursement des emprunts contractés avant, ce jusqu'au point d'achèvement. Ce qui nous amène à affirmer que le poids de la dette a pesé dans les dépenses de l'État. La part la plus importante de ces aides par rapport aux recettes publiques a été atteinte uniquement en 2007 (19,7 %) et en 2005 (12,7 %). Donc, l'allégement a en réalité plongé les pays dans un programme d'épuration des dettes. Cette épuration a pris une part importante dans les dépenses budgétaires des pays concernés.

[48] Table rase et après ? Rapport d'évaluation de l'allégement de la dette de la République démocratique du Congo, janvier 2012.

Par ailleurs, les aides budgétaires, y compris les dons, n'étaient pas nécessairement en argent liquide. Il s'agit des aides à la balance des paiements, des aides aux projets, et un tout petit peu, de la prise en charge des rémunérations et des pensions de retraite prématurée. En revanche, chaque mois, le montant de 50 millions de dollars était décaissé à titre de remboursement des créanciers privés et publics[49]. Ce remboursement de l'emprunt en devises représente ± 30 % des dépenses budgétaires en moyenne. L'initiative, bien qu'ayant conduit à l'effacement de 10,8 milliards de dette, elle a causé en même temps la pénurie des devises durant la période de son application. Cette même année (2001) coïncide également avec le climat politique incertain dû à l'assassinat du Président Laurent Désiré Kabila. On peut imaginer à ce sujet le comportement prudentiel des agents économiques qui, devant les risques, ont freiné le rythme des investissements. Au cours des années suivantes, un autre fait à souligner a été l'accroissement de la masse monétaire dû sans doute à des dépassements budgétaires liés aux négociations entre les belligérants. Les préparatifs de la conférence de Sun City et la formation d'un gouvernement budgétivore de 1+4[50] y étaient pour quelque chose.

2.2. La dépréciation de 2007 à 2009

Le taux de change qui s'était maintenu autour de 400 FC entre 2007 et 2008 s'est envolé jusqu'à 930 FC en 2009. La cause a été attribuée à la crise des surprimes (en

[49] En 2008, le budget de l'ordre de 3,6 milliards de dollars, soit 2,4 milliards d'euros, était financé à hauteur de 36 % par les ressources externes selon le comité pour l'abolition des dettes illégitimes !

[50] Le gouvernement de transition issu des accords de Sun City, composé de 1 président et 4 vice-présidents.

français) dont les conséquences se sont répercutées sur la demande des produits de base ; les prix internationaux se sont effondrés et ont conduit à la fermeture des usines en Occident. Le repli des investissements, les anticipations relatives aux effets de bulles spéculatives, les bilans déséquilibrés des banques et des entreprises ont accompagné cette crise. À l'époque, nous avions consacré une réflexion sur le sujet, lors d'un séminaire organisé par AWEPA[51], à l'attention des Parlementaires membres de l'ECOFIN (commission économique et financière). Mais étions-nous suivis ?! Tout porte à croire que ce séminaire n'avait pour rôle que d'informer les « honorables » députés, et pas plus ! Les experts de la banque centrale, ceux du gouvernement ainsi que ceux de l'ECOFIN (commission économique et financière des deux chambres du Parlement) ne nous ont pas prêté leur attention. Nous voici au cœur de la même crise de change de la monnaie nationale. Les remèdes sur la table du gouvernement, en ce qui concerne la crise actuelle, sont exactement ceux que nous avions suggérés à l'époque, mais l'exécution ne s'en était pas suivie. Le but de cette nouvelle analyse est de démontrer que les propositions envisagées en 2009 restent valables à ce jour, à savoir : réduire l'extraversion de l'économie, disposer d'une marge suffisante de l'autonomie des réserves, réduire davantage le déficit courant. À la lecture du tableau ci-dessus, la chute de la monnaie nationale était déjà vécue ; pourtant, personne ne pouvait sonner l'alarme. Il a fallu attendre les signaux à dater de 2006-2007 pour se rendre compte que la chute de la monnaie présentait les risques qui pouvaient affecter l'ensemble du tissu économique. Rappelons que la crise est partie de la faillite des Banques américaines, impliquées dans l'octroi des crédits hypothécaires toxiques, sans souci d'éviter les risques de non-remboursement. Les agences de

[51] Association of Europeans Parliamentarians With Africa.

notation ont valorisé ces crédits et ont provoqué un engouement, en attribuant la meilleure note aux titres. Cette titrisation par les banques et autres investisseurs a attiré un regard favorable des placeurs.

Mais nombreux ménages américains n'ont pas réussi à honorer leurs engagements à cause des taux versatiles. La chute des titres a ruiné les ayants droit ; les banques ont fermé les portes. La crise d'illiquidité s'est transformée en crise d'insolvabilité, affectant la sphère réelle de l'économie. Les grandes firmes sont tombées en faillite, elles ont entraîné également les autres services connexes ; le secteur primaire, tertiaire et secondaire ont été touchés à la fois. La récession, la fermeture des usines, la baisse de l'emploi, la chute de la consommation des ménages et le retour au protectionnisme ont vu le jour.

Au Congo, la crise a fait des ravages. Elle a touché les secteurs moteurs de l'économie, notamment la production minière, les exportations, les importations, les investissements et la consommation[52]. La monnaie a perdu plus de 100 % de sa valeur par rapport au dollar américain. L'économie a eu de la peine à se relever. Les mesures prises par les autorités pour la juguler étaient de nature conjoncturelle, mais elles n'ont pas permis la sortie définitive de la crise. À l'époque, de nouveau, l'indiscipline budgétaire a été pointée du doigt comme principale cause. Il s'agissait pourtant d'une analyse critique de courte vue.

---

[52] Lors de sa dernière réunion du Conseil des ministres tenue le 28 août 2009, le compte rendu indiquait que les réserves étaient de l'ordre de plus ou moins 280 millions de $ US, *Journal L'avenir Quotidien* du 11 septembre 2009. Le rapport de la banque centrale indique qu'au premier trimestre 2009 l'indice d'activité économique a été de -4,6 % et la stagnation de -1,3 %, au deuxième trimestre 2008, soit un indice global d'activité cumulé évalué à -5,9 % pour le premier semestre, contre des prévisions de la croissance économique estimée à 2,7 % sur l'année. Au second semestre, ces données se sont sans doute détériorées davantage.

Autrement dit, le non-respect de l'équilibre budgétaire dû à des dépenses improductives et la sortie massive des capitaux étaient jugés comme cause de la chute de la monnaie durant cette période. Cette accusation n'était pas juste. Car, elle suggère qu'il suffisait de restreindre les dépenses publiques pour baisser le taux de change. Comme on peut le lire sur le tableau suivant, cette restriction a causé la baisse du déficit budgétaire entre 2006 et 2009, sans stopper la crise.

Tableau n° 3 : Évolution du déficit budgétaire (En millions de FC de 2001 à 2015)

Année	Montant du déficit budgétaire	Variation successive	Variation en %
2001	241,21	0	0
2002	276,03	34,82	14,44
2003	351,25	75,22	27,25
2004	378,16	26,91	7,66
2005	428,91	50,75	13,42
2006	253,01	-175,9	-41,01
2007	217,9	-35,11	-13,88
2008	352,3	134,4	61,68
2009	441,6	89,3	25,35
2010	1 466,5	1 024,9	232,09
2011	2287	820,5	55,95
2012	4 384,9	2 097,9	91,73
2013	1 048,5	3 336,4	-76,09
2014	968,7	-79,8	-7,61
2015	1 224,5	255,8	26,41
Total	14 320,47		
Moyenne	954,698		

Source : Rapport de la BCC, 2015.

Comme on peut le constater, le lendemain de 2008, le déficit budgétaire a galopé, preuve que les choix à prendre relevaient d'une gymnastique difficile. Ces chiffres donnent, certes, raison aux analystes qui ont cru que la dépréciation était le fait de la création monétaire supplémentaire destinée à résoudre le problème de la sécheresse des recettes fiscales internes et surtout externes. Mais cette indiscipline est-elle la cause ou la conséquence ? L'autorité monétaire a pointé du doigt les avances faites au gouvernement pour répondre aux besoins de financement des dépenses. Mais en dépit de la politique de réajustement budgétaire, rien ne s'était arrêté. La décente en enfer du franc congolais était devenue non maîtrisable. On a observé de temps en temps l'accalmie, sans conséquence. La création des masses supplémentaires a eu comme effet : l'inflation. Les deux tableaux suivants l'attestent. À partir de 2006, un accroissement de cette masse a été enregistré. La maîtrise de l'inflation a eu lieu en 2006 et 2007. Elle a repris en 2008. Dès lors, le circuit de transmission a bien fonctionné, faisant de l'un ou l'autre facteur la source qui provoque les conséquences. Et les liens existent bien entre le niveau de l'inflation et le taux de change. L'un peut entraîner l'enchaînement des faits liés. Ce lien se manifeste lorsque la mauvaise monnaie chasse la bonne. Celle-ci devient chère et rare. Ce fut le cas des rapports entre le franc congolais et le dollar américain durant la période.

Tableau 4 : Évolution de la masse monétaire
(En millions de FC)

Année	**Masse monétaire**	**Variation successive**	**Variation en %**
2001	77 144	0	0
2002	98 833	21 689	28,11
2003	130 119	31 286	31,66
2004	222 227	92 108	70,79
2005	277 111	54 884	24,70
2006	436 922	159 811	57,67
2007	658 834	221 912	50,79
2008	1 041 377	382 543	58,06

2009	1 543 536	502 159	48,22
2010	2 009 609	466 073	30,20
2011	2 443 614	434 005	21,60
2012	2 952 900	509 286	20,84
2013	3 493 216	540 316	18,30
2014	3 968 101	474 885	13,59
2015	4 486 607	518 506	13,07
Total	23 840 150		
Moyenne	1 589 343,33		

Source : Rapport de la BCC.

À défaut de désigner le déclencheur, on a pointé les effets de translation. Dès lors, les questions sur les causes ont occupé la scène. Était-ce le manque de confiance des agents économiques qui cherchaient à se débarrasser de la mauvaise monnaie ? Est-ce l'indiscipline budgétaire, comme dit ci-haut, ou la santé économique tout court ? La réponse évidente se trouvait dans la vulnérabilité de l'économie aux chocs externes. On ne peut pas, non plus, chercher les causes à travers d'autres approches : parité de pouvoir d'achat, taux d'intérêt couvert ou non couvert, spéculation, etc.

Tableau 5 : Taux de variation de l'inflation

Année	Taux d'inflation	Variation successive	Variation en %
2001	135,1	0	0
2002	15,8	-119,3	-88,30
2003	4,4	-11,4	-72,15
2004	9	4,6	104,55
2005	21,5	12,5	138,89
2006	18,2	-3,3	-15,35
2007	9,9	-8,3	-45,60
2008	27,6	17,7	178,79
2009	53,4	25,8	93,48
2010	9,8	-43,6	-81,65
2011	15,4	5,6	57,14

2012	2,7	-12,7	-82,47
2013	1,07	-1,63	-60,37
2014	1,03	-0,04	-3,74
2015	1,01	-0,02	-1,94
Total	325,91		
Moyenne	21,72		

Source : Banque centrale du Congo

2.3. La dépréciation de 2015 à 2018

Sa source est-elle différente de celles des autres crises ci-haut citées ? Remarquons qu'il s'agit ici, particulièrement, de crise de change et moins de crise bancaire. Les statistiques fournies par Yves Cuypers, responsable de la BCDC, démontrent qu'en 2001, les dépôts représentaient 90 millions $ US ; en 2015, ils culminent à 3 617 milliards $ US ; soit une croissance de 30 %. Les crédits sont aussi passés de 30 millions d'US dollars en 2001 à 2 206 milliards en 2017 (35 % de progression). Les capitaux propres ont progressé de 51 millions de dollars en 2001 à 707 milliards en 2017. Le nombre des banques, même s'il est passé de 22 à 18 en 2017, la faillite des unes n'exclut pas la bonne santé des autres.

La crise est avant tout celle de change. Elle peut affecter le système financier et impacter les autres activités de l'économie, mais nous n'en sommes pas encore là. En 2016, le rationnement a été observé, fixant le plafond de retrait. Elle est le fait de déséquilibre sur le marché de change et elle touche les prévisions budgétaires. Donc, elle n'est pas encore une crise jumelle. Elle peut le devenir si certaines banques d'export/import n'arrivent pas à recouvrer leurs créances afin de refinancer leurs activités principales ; de même, si les coûts de l'investissement deviennent chers, des prêts peuvent se réduire, d'une part, et de l'autre, quelques secteurs épargnés, notamment les services et le commerce de détail peuvent enregistrer un repli. Elle n'a pas comme source, des attaques spéculatives, ni la hausse de liquidité, ni la défaillance des banques comme ce fut le cas de la crise des surprimes ou de crise de 3e génération. Bien que durable, elle peut s'éclipser pour une période, mais les solutions ne peuvent être de nature conjoncturelle, comme c'est l'habitude.

Alors que les différents gouvernements (2011 et 2016) se sont félicités, à plus d'un titre, de leur maîtrise des agrégats et de la résilience d'un « géant », il s'est avéré que l'accalmie du taux de change observée entre 2009 et 2014 était illusoire. Certes, comme l'indique le tableau ci-dessous : entre 2009 et 2014, la dépréciation a atteint 925,2 FC en 2009. Elle s'est stabilisée à ce niveau entre 2009 et 2015. Mais en 2017, la valeur est de 1 600 FC contre 1 dollar. Une chute de plus ou moins 75 %. Certains milieux échangent à 1 700 FC contre 1 $.

Tableau 6 : Taux de change nominal (CDF/US$, en moyenne)

2009	2010	2011	2012	2013	2014	2017
807,5	905,9	919,6	919,4	919,7	925,2,	1 700

Source : BM, FMI, BC

L'apparente santé des agrégats macroéconomiques enregistrée avant la crise était le fait de la bonne tenue des prix des matières premières (amélioration des termes de l'échange) et du climat favorable aux investissements étrangers qui ont compensé le déficit de la balance commerciale[53]. Le volume de la production minière est

[53] Albert Tcheta-Bampa, *Quelles sont les causes les plus vraisemblables de la détente de la dépréciation du franc congolais ?* Centre d'Économie de la Sorbonne – CES, 2016.

passé de 400 000 à plus de 1 million de tonnes. L'inflation a baissé jusqu'à 1 %, tandis que le taux de croissance était même projeté à 9 %. La performance, ainsi que l'affirme le rapport de la Banque mondiale était le fait de la croissance dans les industries extractives de l'ordre de 25 % en moyenne sur la même période (la production de plusieurs minerais tels que le coltan (+210 % en 2014), et l'or (+125 % en 2014)). Le secteur des services a également progressé, contribuant à la croissance totale au cours de la période 2010-2014.

Mais il s'agissait d'une croissance fragile et appauvrissante ; car, le même rapport de la Banque mondiale souligne que même si l'activité minière s'est redressée rapidement, les recettes fiscales de ce secteur n'ont pas augmenté au même rythme. Le ratio des recettes totales par rapport au PIB a stagné. En 2014, ces recettes intérieures ont représenté 13,3 % du PIB. En 2012, les recettes perçues par le gouvernement sur l'industrie extractive étaient équivalentes à 5,5 % du PIB, soit environ 38 % du total des recettes publiques. Mais le taux de prélèvement effectif n'a cependant pas dépassé 17,8 % de la valeur des exportations minières et pétrolières. La Banque souligne aussi que ce montant était relativement faible pour un secteur dans lequel les entreprises bénéficiaient d'une situation de rente. De même, les réserves ont diminué de 100 millions de dollars américains, tandis que les exportations de pétrole et de minéraux ont atteint 11,7 milliards de dollars américains en 2014. En parallèle, le revenu net des facteurs a atteint moins de 3 milliards de dollars américains, soit 9,3 % du PIB, en raison d'importants transferts de revenus au titre de la rémunération des investissements directs étrangers[54]. En dépit des données parfois imaginaires publiées par le pays,

[54] Banque mondiale, *Rapport de suivi de la situation économique et financière*, 3e édition, 2015, documents.banquemondiale.org

notamment sur le secteur agricole (manque de statistiques fiables), les données ci-après corroborent l'apport des industries extractives et la vulnérabilité de l'économie.

Tableau 7 : Contribution sectorielle au PIB entre 2000-2014

(% moyenne)

Industries extractives	: 48 %
Industries manufacturières	: 6,9 %
Commerce	: 11,8 %
Transports	: 7,7 %
Communications	: 6,7 %
Services marchands et autres	: 8,9 %

Source : Banque mondiale, 2015.

En décomposant les détails, il se dégage que l'industrie extractive reste la locomotive de la croissance du PIB, ce depuis la libéralisation du secteur. Des groupes industriels et des exploitants artisanaux se partagent de centaines de carrés miniers à travers tout le pays[55]. En 2015, la production totale a atteint le volume de ± 1 million de tonnes. Ce qui veut dire que l'industrie extractive a un poids important de l'ordre de plus ou moins 50 % dans la formation du PIB. L'analyse des autres agrégats démontre également comment le déficit de la balance courante croissant depuis 2005, notamment à cause de l'importance des exportations et des transferts des revenus des facteurs, comme dit ci-haut, a eu des conséquences, malgré la maîtrise de l'inflation, de la masse monétaire et le faible taux de remboursement de la dette extérieure.

Le calme apparent au cours de cette période était le fait de résultat des exportations et de la reprise des

[55] En 2011, il a eu 398 permis d'exploitation actifs et 212 autorisations de recherches.

investissements. Mais comme nous l'avons souligné, le solde de la balance courante est resté, malgré tout, largement négatif ; il s'est détérioré davantage à partir de 2010. Pourtant, ce solde a une grande signification dans ce sens qu'il traduit l'équilibre entre épargne nationale et investissement. Autrement, il traduit l'excédent du revenu national (s'il existe) par rapport aux dépenses.

Et la chute des prix des produits miniers qui a eu lieu au cours de l'année 2015 (le prix du cuivre est passé de 7 000 $ la tonne à moins de 4 000) a entraîné l'arrêt des quelques usines. Le volume des exportations a baissé à partir de 2016, entraînant de nouveau la chute de la monnaie par rapport aux devises étrangères. Cette baisse des prix des matières premières débute en fait en 2015. Mais c'est au cours de l'année suivante que la dépréciation du franc congolais devient très visible. En 2017, le taux d'échange vacille entre 1 700 et 1 500 FC pour un dollar américain. La perte de la valeur est de plus ou moins 75 % par rapport à 2015. La chute s'explique par l'importance du commerce extérieur dans le PIB du pays ainsi que l'indique le tableau ci-dessous. À dater de 2015, on a constaté la chute progressive de 50 à 80 %.

Tableau 8 : Évolution du solde commercial en millions de FC (2000-2015)

Année	Exportations	Importations	Solde de la balance
2000	19 427,2	20026,5	-599,3
2001	252 429,1	274 566,3	-22137,2
2002	582 016,9	665 809,7	-83792,8
2003	616 505,8	778 606,2	-162100,4
2004	923 796,5	1 126 445,1	-202648,6
2005	1 300 948,4	1 828 593,5	-527645,1
2006	1 468 558,4	1 777 364,6	-308806,2
2007	3 379 282,4	3 552 106,6	-172824,2
2008	4 319 428,4	4 952 127,4	-632699
2009	4 049 200,5	5 456 526,1	-1407325,6

2010	8 031 753,4	9 697 314,1	-1665560,7
2011	9 388 683,1	10 853 905,7	-1465222,6
2012	8 302 814,6	10 121 086,4	-1818271,8
2013	1 095 244,2	12 327 019,0	-11231774,8
2014	11 691 157	14 607 934,7	-2916777,7
2015	9 684 064,1	11 667 788,6	-1983724,5
Total	65 105 309,8	89 707 220,5	-24601910,7
Moyenne	4 069 081,86	5 606 701,28	-1537619,42

Source : OMC, FMI et BM.

En guise de solution, l'autorité monétaire a entrepris 4 mesures : a) la vente des devises de l'ordre de 246,7 millions de dollars contre 250 milliards de FC, b) la restriction de l'offre de la monnaie nationale, c) le relèvement du coefficient des réserves obligatoires à 13 %, d) la fixation du taux directeur de 7 à 14 %. En ce qui concerne la politique budgétaire, l'application de la mesure de restriction des dépenses (principe de zéro déficit) a été observée[56]. Nous reviendrons aux critiques de ces instruments lors de l'analyse de la non-autonomie des politiques économiques.

Notons pour l'instant que ces mesures n'ont pas eu les effets escomptés, à savoir : stabiliser le taux de change, relancer les investissements et la consommation. Bien au contraire, les politiques monétaire et budgétaire restrictives ont eu un impact négatif sur le niveau des investissements privés et sur la demande nationale. Elles n'ont pas touché les causes de la chute des réserves. Alors que celles-ci étaient de l'ordre de 8 semaines d'importation, elles ne pouvaient couvrir que ± 4 semaines[57]. La mission du FMI effectuée en juin 2017 a conclu que le taux pourra atteindre

[56] Jean-Marie Vianney Dabirre, Ernest Bamou Jean Amisi Mutumbi Kalongania, *République démocratique du Congo 2017*, www.africaneconomicoutlook.org, p. 6.

[57] Les réserves de change ont connu une baisse drastique. Elles se sont évaluées à 722,50 millions USD équivalent à 3,17 semaines d'importation des biens et services à la fin du mois de juillet 2017.

le niveau de 2 000 francs congolais pour 1 dollar si l'on ne prend pas garde. En effet, le budget présenté par le gouvernement Tshibala étant irréaliste, l'inflation prévue ne peut se situer à 19 % mais à 45 %, conclut le rapport de la mission. Les prévisions optimistes du gouvernement, pour 2018, tablent sur la reprise de la demande des produits miniers et le redressement des prix mondiaux. Or, bien que les prix des produits de base soient à la hausse, le gouvernement peine à convaincre les exportateurs de ramener 40 % de leurs recettes[58]. Nombreux exportateurs craignent les risques d'investir leurs profits localement ; ils privilégient l'épargne des avoirs à l'étranger. Ce qui sous-entend que la pénurie des réserves va se maintenir, peu importe les pressions exercées sur les exportateurs. Les déficits publics vont se creuser tant que la source principale des taxes et impôts n'est pas sécurisée. À ce sujet, Albert Tchata a raison d'attirer son attention sur l'inefficacité des politiques gouvernementales, tant de Matata que de Tshibala. Le gouvernement Matata « a tenté de réduire les déficits trop vite en 2015-2016, avec, en particulier, la baisse du budget de l'État 2016 en cours d'exécution, ce qui a conduit à casser la reprise et à augmenter le chômage, et pour finir, la hausse des déficits et de l'endettement public à court terme que l'on prétendait vouloir réduire »[59]. Le gouvernement Tshibala, précise l'auteur, répète l'erreur. « Des mesures de consolidation budgétaire (coupes dans les dépenses, suspension des paiements, gel des dépenses de l'État, notamment les frais de fonctionnement des ministères), mises en œuvre pour réduire le déficit fiscal du PIB, diminueront davantage la demande intérieure »[60].

[58] La réforme du code minier en vigueur soulève déjà les inquiétudes de ces industriels qui estiment qu'ils vont débourser plus pour le compte du fisc congolais.
[59] Albert Tcheta-Bampa, Université Paris 1 Sorbonne, 2017.
[60] *Idem.*

Réduire le déficit sans garantir le retour de l'équilibre par l'accroissement des recettes nous semble une illusion. Les résultats seront éphémères. On peut s'interroger sur le salut. Les calculs d'un groupe d'experts démontrent qu'en moyenne la perte de la valeur de la monnaie, ce depuis 56 ans, est de 386,42 %. Ce chiffre obtenu à partir des calculs économétriques est sous-estimé. Ce qui nous paraît modeste par rapport à la situation réelle. Même si ces chiffres sont discutables du fait qu'ils sont en dessous de la réalité, ils confirment néanmoins l'effet d'hystérèse. Le graphique ci-dessous donne l'évolution de dépréciation d'entre janvier 2001 à janvier 2018

Graphique 2 : Évolution du taux de change du FC/USD et effet d'hystérèse (2001-2018)

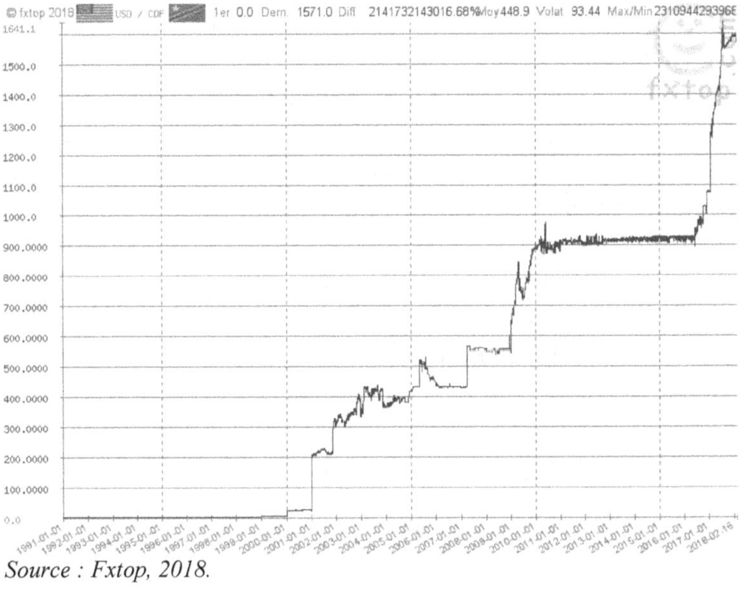

Source : Fxtop, 2018.

Observée depuis 2001, la chute du franc congolais ne recule pas ; la courbe est croissante. Quelques moments d'accalmie remarqués, comme nous l'avons souligné plus haut, marquant la stabilité, sont de courte durée. Les chocs externes, souvent manifestés par la hausse du prix du pétrole, la chute des prix des matières premières, la baisse de la demande mondiale des produits miniers (exportations du Congo), ces chocs impactent régulièrement le taux de change, chaque fois qu'ils apparaissent. La faible autonomie des avoirs extérieurs, combinée avec la nécessité d'éviter la cessation des paiements conduisent à puiser dans les réserves. Les capitaux entrants (investissements directs, prêts, dons, transferts unilatéraux et autres flux commerciaux) ne ramènent pas le taux de change effectif réel à son niveau de pré-crise. La prudence des agents économiques dont le dollar est la monnaie refuge conduit à anticiper la chute ainsi que ses effets relatifs à l'épargne. Par conséquent, le rétablissement du taux à son niveau pré-crise apparaît un risque. Le stabilisateur automatique ne fonctionne pas. Les gains acquis sont préservés par le maintien d'un taux du dollar supérieur à celui de pré-crise. Surévaluation ou pas ? Le comportement prudentiel des agents économiques contredit les politiques publiques ayant pour but de rétablir l'équilibre d'avant la crise. Les répétitions des chutes et la crainte de perdre son épargne (monnaie refuge) conduisent les ménages et les entreprises à ajuster l'offre et la demande des deux monnaies au niveau de l'équilibre post-crise, ce en dépit de l'accroissement des réserves extérieures, lesquelles n'assurent, nécessairement pas, une autonomie durable des paiements extérieurs.

La deuxième justification de l'hystérèse se trouve dans le choix irréaliste de la zone d'ancrage. Nous y revenons plus loin. Le Congo-Kinshasa a choisi le dollar comme monnaie de référence. Les deux économies ne sont pas proches. Les échanges entre les deux pays (États-Unis et Congo-Kinshasa) sont dérisoires. La parité retenue dès l'émission du franc congolais en 1998 étant imaginaire, non fondée sur les paramètres réels, mais arbitraires, ne correspondant pas au poids de l'économie congolaise, par rapport à la santé du dollar ; il va de soi que la dynamique actuelle du taux de change reflète le différentiel des échanges, de mouvements des capitaux et de besoins de l'épargne entre les deux pays.

3. Vérification empirique de corrélation des variables

Pour corroborer notre propos, nous avons soumis 8 variables à la vérification économétrique. Les résultats obtenus pour une période de 1980 à 2016 confirment bien les liens élevés entre le taux de change, le déficit budgétaire et le solde extérieur. Les données sont tirées des statistiques, essentiellement, de la banque centrale.

3.1. Identification des variables

Variables	Indice	Symbole	Nature
Taux de change	Valeurs logarithmiques	LnTCH	Endogène
Taux d'inflation	%	Tinf	Exogène
Termes de l'Échange	Valeurs logarithmiques	LnTECH	Exogène
Taux de solde budgétaire	% du PIB	TSB	Exogène
Taux de solde extérieur	% du PIB	TSE	Exogène
Taux de masse monétaire	% du PIB	TMM	Exogène
Taux de croissance économique	%	TCE	Exogène

Taux de croissance de masse monétaire	%	TCMM	Exogène

3.2. Résultats

3.2.1. Stationnarité des variables

Les tableaux ci-dessous montrent qu'au cours de la période allant de 1980 à 2016, cinq variables sont intégrées d'ordre 0, à savoir : les termes de l'échange, le taux de croissance de la masse monétaire, le taux d'inflation, le taux de la masse monétaire et le taux du solde budgétaire. En revanche, le taux de croissance économique et le taux de solde extérieur sont intégrés d'ordre 1, soit le modèle AR (p = 1) d'une part. Et le taux de change, intégré d'ordre 2, soit le modèle AR (p = 2). Ceci traduit la volatilité de la valeur de la monnaie nationale par rapport à la devise (le dollar américain).

3.2.2. Les relations de causalité selon Granger, causalité test

Les combinaisons économétriques de ces huit variables dégagent neuf relations de causalité au sens de Granger dont deux relations bidirectionnelles entre le taux d'inflation et le taux de croissance de la masse monétaire. Le schéma ci-après représente ces neuf relations causales.

Schéma n° 2 : Relations de causalité

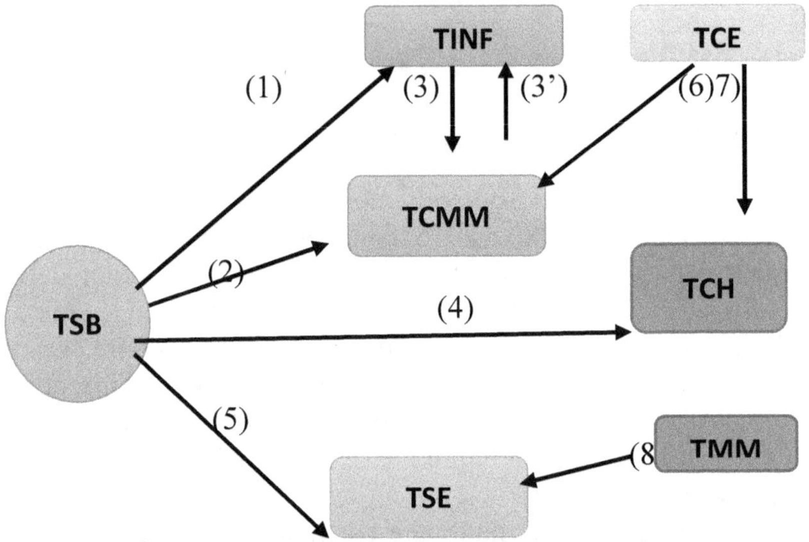

(1) Tout excès des dépenses publiques à une incidence sur le niveau général des prix ;
(2) Le déficit budgétaire pousse à recourir au seigneuriage monétaire entraînant ainsi une augmentation de la masse monétaire ;
(3) Cette relation réciproque entre l'inflation et la masse monétaire s'insère dans la théorie monétariste de l'équation de Fisher ;
(4) Le déficit budgétaire influe sur le niveau de taux de change en raison du recours à la planche à billets causant une dépréciation de la monnaie nationale ;
(5) et (8) traduisent la dépréciation monétaire liée à l'augmentation de la masse monétaire pour répondre aux besoins de financement du déficit budgétaire, dû à la baisse des exportations et par ricochet, la détérioration du solde extérieur ;

(6) L'augmentation de la production favorise l'accroissement de la masse monétaire pour financer l'excédent de la production ;
(7) Lorsque la production augmente, la masse monétaire augmente avec comme corolaire éventuel, la variation du taux de change.

2.2.3. Modèle estimé

LnTCH = 1,53 – 0,167 TCE – 0,077 TSE – 0,492 TECH – 0,00052 TCMM + 0,000391 TINF + 0,0571 TMM – 0,0177TSB

(0,027) (0,190) (0,395) (0,3035) (0,0243) (0,0167) (0,7297)

Les valeurs entre parenthèses représentent les probabilités à comparer au seuil de 5 %. Il ressort des résultats de ce modèle que la dépréciation du franc congolais est expliquée par trois facteurs, en l'occurrence : la croissance économique (faible et caractérisée par l'apport du secteur minier au PIB), l'inflation (hausse des prix, conséquence aux prix à l'importation et à l'anticipation de la dépréciation) et la masse monétaire (lorsque le déficit budgétaire est compensé par la planche à billets ou par les avances de la banque centrale). Les signes de ces déterminants sont corrects, car conformes à la théorie. Toute élévation de l'activité économique de 1 % entraîne une appréciation de la monnaie nationale de 0,16 %. Tandis que toute augmentation de 1 % de l'inflation et de la masse monétaire entraîne la dépréciation de la monnaie respectivement de 0,00031 point par rapport à l'inflation et 0,051 point par rapport à la masse monétaire. Il se dégage que la dépréciation du franc congolais par rapport au dollar américain est d'origine à la fois réelle et monétaire. Monétaire lorsque l'on évalue la valeur du franc congolais par rapport au dollar américain (monnaie d'ancrage et de réserves internationales), réelle lorsque l'on mesure la valeur de la monnaie par rapport à la santé économique du pays. Ce qui suggère que le taux initial fixé (1,3 FC =1 $)

lors de la création de cette monnaie en 1988 était arbitraire et imaginaire, ne correspondant pas à son estimation réelle.

Graphique 3 : Cusum test

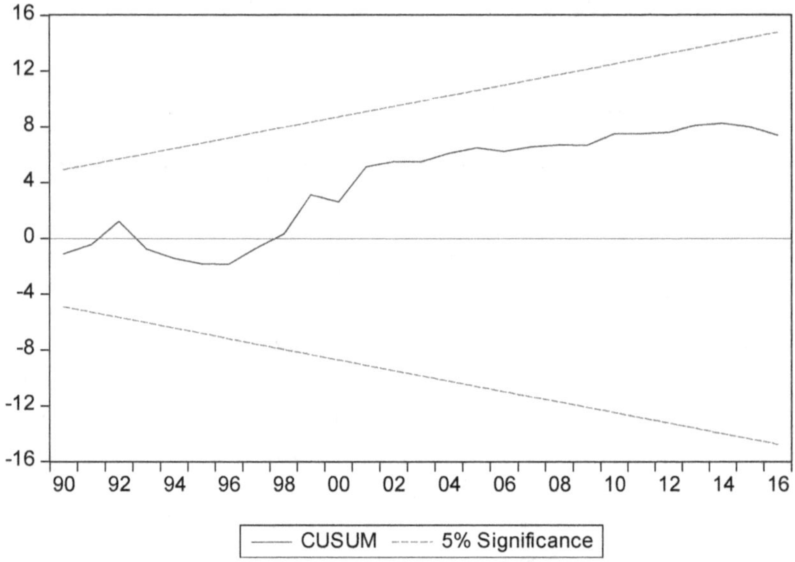

Ce phénomène est stable durant la période sous examen (1980 à 2016) au regard du test de Cusum. Et par conséquent, le modèle est bel et bien de la forme linéaire. (Lire les autres graphiques au niveau des annexes.)

4. Le retour à la stabilité est tiré par la reprise des économies occidentales

Le retour est avant tout lié aux facteurs exogènes à la politique économique. Les effets de la relance occidentale ayant eu un impact sur les petites économies, notamment exportatrices des matières premières (cas du Congo-Kinshasa), elles ont accéléré la reprise du secteur et boosté les économies touchées ; dès lors, la reprise de la production industrielle due à la forte demande en Europe a tiré vers le haut la production des produits de base. Les indicateurs macroéconomiques (croissance du PIB) au vert ont donné l'impression que la santé du pays était saine. Durant plus de six ans, cette croissance tirée par les exportations minières ainsi que par les télécommunications et les travaux publics a donné un semblant d'efficacité de la gouvernance économique menée par les différents gouvernements.

En 2015, le PIB du Congo-Kinshasa a atteint 9 %. Le maître mot qui a dominé la période était la résilience[61]. Des experts (Cabinet de Matata Ponyo) ont publié des études sur le sujet, attestant les exploits des politiques économiques conduites par le gouvernement, notamment : le faible niveau de l'inflation, la croissance de plus de 9 %, la baisse du chômage, la stabilité du taux de change et l'amélioration du pouvoir d'achat[62]. Les déséquilibres des comptes extérieurs étaient ignorés dans l'analyse. Ils ont oublié que durant toute cette période d'un semblant de stabilité, les racines internes de la crise, racines susceptibles de déclencher une série des crises étaient intactes, c'est-à-dire : l'extraversion croissante et le déficit chronique de la balance courante, les deux liés à cette extraversion.

5. La sensibilité aux chocs exogènes demeure un défi

Notre réflexion de l'époque portant sur la crise de change du franc congolais due à la crise d'entre 2006 et 2009 a souligné l'importance de ce facteur de

---

[61] Groupe de la Banque mondiale, « République démocratique du Congo ; Rapport de suivi de la situation économique et financière – Troisième édition ; Renforcer la résilience de long terme de la RDC : le rôle de la dédollarisation, de la prospection artisanale et de la diversification économique » ; septembre 2015.

[62] C'est cette thèse qui a été défendue par Matata Ponyo pour l'obtention de son grade de Docteur en économie à l'UPC en 2018.

déclenchement. Tant que l'économie du pays est extravertie et que sa croissance est soutenue par les exportations des produits miniers, il est facile, à tout économiste, de prédire le retour de la crise de change, aussitôt que les conditions sont réunies : perte des recettes à l'exportation et pénurie des devises et de l'épargne. Une contraction prolongée des prix mondiaux des matières premières impacte négativement l'économie du Congo (crise de mono-exportation) avec comme conséquence la perte de la valeur de la monnaie à cause de déséquilibre entre les devises étrangères devenues rares et chères et le gonflement de la masse de cette monnaie dû aux avances de la banque centrale en cas de déficit budgétaire chronique.

Les transferts importants des revenus des facteurs étant également une des conséquences de l'extraversion et de la déréglementation financière, conjugués avec le déficit commercial, les deux causent naturellement une rareté des réserves utiles à l'économie. Par crainte des risques dus à l'incertitude, les investisseurs étrangers ne peuvent se permettre de réaliser les nouveaux investissements risqués à long terme (directs ou de portefeuille). Les seuls investissements que l'on peut enregistrer sont souvent ceux de renouvellement pour le maintien de l'outil de production, sans effets supplémentaires évidents. Ceci explique le vide de capitaux frais ayant un impact positif sur les finances du pays. En ce qui concerne l'extraversion, les conclusions d'une étude de la Banque mondiale démontrent aussi que la moindre contraction du marché chinois produit immédiatement ses effets sur l'économie du Congo. L'étude souligne également qu'un ralentissement de la croissance du PIB de la Chine de 10 % à 7 % réduit la croissance du PIB de la RDC de 1% ; il coûte 320 millions de dollars américains de réserves, et creuse le déficit budgétaire de 0,019 point de pourcentage[63].

[63] Rapport de la Banque mondiale, « Renforcer la résilience de long

Ce qui signifie que la forme de l'insertion dans l'économie mondiale détermine l'ampleur de translation des chocs sur l'activité interne. Depuis fin 2015, nous voici, à nouveau, plongés dans la nouvelle dépréciation qui dure et qui affecte l'ensemble de l'économie. Les chiffres des différents services des statistiques indiquent le degré. Le fait déclencheur demeure le même : le déséquilibre de la balance des paiements conditionné par le déficit courant et les faibles mouvements des capitaux à court ou à long terme. En effet, le prix du cuivre échangé sur le marché de Londres s'est établi en moyenne à 4 848,64 USD/tonne (t) en 2016, contre une moyenne de 5 509 USD/t en 2015 et 6 859 USD/t en 2014, occasionnant une perte de valeur de 12 % en moyenne par rapport à 2015 et de 20 % par rapport à 2014. Or, le cuivre a contribué en moyenne de 65 % des recettes d'exportations du pays entre 2013 et 2014. Ainsi, le taux de croissance a régulièrement décliné en 2016, passant de 6,9 % en 2015, à 4,3 % à mi-parcours, pour se situer à 2,5 % en fin d'année 2016.

terme de la RDC : le rôle de la dédollarisation, de la prospection artisanale et de la diversification économique », septembre 2015, p. 33.

Durant la période, bien que le volume des exportations soit en hausse, les prix très bas ont tiré les revenus vers le bas aussi. Les prévisions optimistes sur la reprise constatée en 2017 encouragent les responsables politiques qui saluent le retour de la croissance et la stabilisation du taux de change, due au rebond de la demande mondiale des exportations, et projettent cette croissance à 4 % pour l'année 2018. Cette illusion fondée sur la reprise de l'économie à l'aide des paramètres difficiles à maîtriser se répète à chaque occasion que les cours des matières premières se redressent. On oublie facilement les leçons passées. L'actuelle crise de change a pourtant les effets drastiques que ceux connus durant celle des surprimes. Elles touchent la monnaie, elles se transmettent sur l'ensemble de l'économie, affectent la consommation, l'épargne, le budget, les exportations, les importations, les investissements publics et privés, le niveau des réserves en devises (publiques et privées).

À la longue, elle peut devenir jumelle (crise de change et crise financière). Cette récession, parce qu'il faut l'appeler ainsi, est là, durable ! Elle n'est pas internationale comme ce fut celle des années passées, mais domestique, avec ses sources endogènes et exogènes. Sources endogènes parce qu'elle est due à la fragile structure de l'économie du pays, incapable de résister à tout choc, en dépit des politiques conjoncturelles classiques conduites à répétition ; elles (sources) sont exogènes parce que la crise se manifeste à partir de l'instabilité des marchés mondiaux, notamment celui des produits de base dont l'économie est tributaire.

Dans toutes les crises de ce genre, on note naturellement quatre signes majeurs :

1) un resserrement du crédit ; les craintes d'accroissement de la masse monétaire sur le marché

contraignent l'autorité à la régulation de sa création ; les banques peuvent ainsi limiter le crédit par mesure de prudence, dans une situation d'incertitude devant plusieurs risques ;

2) une fuite vers la qualité ; elle est expliquée par la morosité des marches des titres. Les détenteurs s'en débarrassent et accordent la préférence à des avoirs liquides ;

3) une instabilité monétaire (inflation et dépréciation) ; la dépréciation se manifeste au niveau des monnaies faibles. La préférence pour les monnaies fortes entraîne une forte demande de celles-ci. La détérioration de la valeur de la monnaie conduit à la morosité de l'ensemble de l'économie, notamment le recul des investissements et la détérioration du pouvoir d'achat ;

4) et une crise de liquidité. La sécheresse des avoirs conduit à la forte demande et baisse des taux des monnaies faibles.

Lorsque nous observons la situation actuelle, ces quatre manifestations sont évidentes. Nous sommes bel et bien en crise systémique depuis plus de deux ans. Elle a débuté par la détérioration du franc congolais ; celle-ci a impacté négativement le reste de l'économie réelle : production, demande, investissement, emploi, inflation, revenu, octroi des crédits à l'économie, exportation et importation. La mauvaise monnaie chasse la bonne. Les crédits se contractent. Quelques signes monétaires disparaissent. Les investissements ne se diversifient pas. La consommation est en baisse. Les importations chutent. Bref, les fondamentaux essentiels sont affectés.

CHAPITRE 5

LES CAUSES DE L'INEFFICACITÉ DES POLITIQUES ÉCONOMIQUES

Dans ce chapitre, nous passons en revue certaines causes structurelles qui expliquent la chute de la monnaie nationale et nous mettons en évidence les faiblesses des politiques économiques mises en route, impliquant les effets d'hystérèse. Nous partons d'un simple raisonnement : l'extraversion de l'économie est la principale cause des crises de change ; elle implique la sécheresse des devises étrangères, mais, en dépit de l'augmentation des réserves, dépassant parfois leur niveau de pré-crise, le taux de change ne retourne pas à son équilibre initial. Ce qui suppose que l'inefficacité des chemins suivis (politiques monétaire et budgétaire) a une corrélation évidente avec la structure de l'économie.

1. La vulnérabilité aux chocs externes

Les chocs externes proviennent des perturbations des marchés étrangers connectés au marché national ; ces chocs affectent les fondamentaux : prix, taux d'intérêt, offre, demande, taux de change, emploi, croissance, mouvement des capitaux, etc. Ils (chocs) sont de diverses sources : inflation importée, chute de la demande mondiale, surproduction, chômage, innovation et nouvelle technologie, volatilité des flux des capitaux sur les marchés, crise de change, chute des prix, concurrence, etc., chez les principaux partenaires. Le degré de l'ouverture d'une économie affecte sans doute tout lien d'échange et des mouvements des capitaux dès lors qu'une perturbation chez les partenaires l'affecte. Les économies fortes résistent et se stabilisent après de courtes perturbations. Les petites économies sont étroitement exposées en fonction de l'importance de liens avec les sources des perturbations. En cas de crise qui affecte ces petites économies, il peut y avoir les effets néfastes, tels : l'inflation importée, la fuite des capitaux à la recherche de meilleurs placements, la baisse des exportations, le renchérissement des prix de biens de consommation, le coût des investissements internes, le déséquilibre de balance des paiements, la fermeture des usines, la chute du PIB, etc. Les propositions de remède ne manquent pas dans le chef des spécialistes de la finance ; ils les puisent souvent dans les théories classiques et proposent des solutions de nature classique aussi. Il s'agit souvent de restriction budgétaire et monétaire pour induire la relance (solution libérale). Dans le cas où la crise affecte le taux de change, ces solutions visent à atteindre un équilibre optimal du taux. Or, cet ajustement est possible lorsque les monnaies se concurrencent (parfaite substituabilité) sur le marché et jouent leurs rôles classiques ; c'est-à-dire qu'elles ont libre cours et disposent de pouvoir d'achat ajustable. L'état du franc congolais prête-t-il à un tel ajustement ?

Nous l'avons déjà souligné, la réponse à cette question se trouve bien dans la santé économique générale du pays et dans la nature de sensibilité aux chocs exogènes. Depuis le début de la crise de surprime (choc exogène), des observateurs ont manifesté la crainte relative à son impact sur les petites économies (africaines)[64]. Des conférences se sont tenues un peu partout pour relever les conséquences, déterminer les canaux de transmission et préconiser les solutions. Au Congo, le Gouverneur de la Banque centrale n'avait pas manqué à la tradition. En novembre 2008, il a

---

[64]https://docs.school/sciences-politiques-economiques-administratives/economie-internationale/memoire/impact-crise-subprimes-economie-reelle-

tenu une conférence centrée sur le sujet. Dans sa note, il soulignait combien certaines banques : CITI et BCDC ont subi les conséquences, parce qu'exposées aux risques des « surprimes » en leur qualité de filiales. Il a également examiné les autres conséquences collatérales, tels : la crise alimentaire, la fermeture des usines (production minière), la sécheresse des investissements, le chômage et l'inflation. Cette crise était devenue systémique[65] par le fait de la contagion due à une dépendance étroite en importation des produits finis et semi-finis. Les mines (source des devises) ont fermé les portes ; la récession a affecté la demande mondiale ; cette chute s'est répercutée sur l'offre. Les investisseurs ont séché les lieux de leur production, à l'exception des IDE dirigés vers les secteurs porteurs. L'apport de la production minière a été de 5,9 % du PIB en 2009 contre 14,8 % en 2000. Il s'est ensuivi naturellement la chute des recettes et des réserves, le chômage et la perte du pouvoir d'achat. Le graphique ci-dessous montre qu'à partir de 2008-2009, il y a eu baisse des recettes des exportations. Celles-ci connaissent la chute importante entre 2012 et 2013.

[65] Quarante des 70 sociétés minières opérant au Katanga l'ont quittée et 20 000 salariés du secteur minier ont perdu leur travail ; et en décembre, le ministre des Mines de la province annonçait que 300 000 emplois (y compris les creuseurs artisanaux) devaient être supprimés.

Graphique 4 : Valeur des exportations (millions de FC)

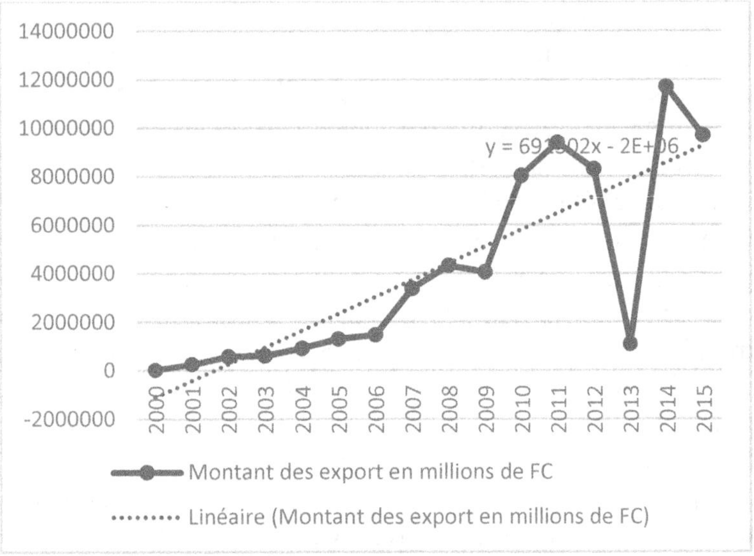

Les solutions mises en route se sont focalisées comme d'habitude sur la recherche de l'équilibre de l'offre et de la demande entre le franc congolais et la devise américaine, à travers les approches classiques. Tout simplement parce que la dépréciation était le signal fort qui a éveillé les consciences et permis d'indiquer que l'économie était entrée dans une phase de récession. On a cru qu'il suffisait d'envisager les remèdes monétaires pour résoudre une crise systémique. Or, là où les économies étaient moins extraverties, les monnaies nationales n'ont pas subi un impact fort négatif. Presque toutes les économies de la zone (ancrage) dollar ont enregistré une dépréciation, mais celle du franc congolais a été plus importante. Notons que les banques ont manqué de liquidité (en devises étrangères) et le pays a presque atteint le point de cessation des paiements[66]. Il a frôlé l'insolvabilité. Cette catastrophe a nécessité une assistance accrue. Lors d'une séance d'évaluation de l'impact des mesures d'adjudication, le Directeur en charge de l'opération de la banque centrale constatait que les effets pervers ont été enregistrés ; les banques n'arrivaient pas à acheter la quantité des devises offertes. En lieu et place de voir les banques commerciales acheter la totalité des devises soumises à l'adjudication, certaines manquaient les francs congolais à vendre à la banque centrale.

Ce constat témoigne les limites de la politique de la banque centrale, celle qui consiste à éponger le trop-plein de la masse monétaire pour équilibrer l'offre et la demande avec le dollar, sans disposer de l'assurance quant aux réactions des banques de second rang. On peut imaginer que les réactions de ces banques étaient prudentes : acheter à crédit la devise et promettre le remboursement en franc congolais, à une date ultérieure ; tant que l'objectif de la banque centrale était d'éponger le trop-plein de la monnaie nationale à n'importe quel prix, les banques de second rang ont joué le jeu. Donc, devant la possibilité d'acheter à crédit les devises, elles ne pouvaient que se jeter dans l'aventure sans effet équivalent.

Dès lors une telle opération d'adjudication pouvait-elle avoir un impact de stabilisation du taux ? Le dollar étant acheté davantage pour les transferts à l'extérieur que pour l'usage local, il se raréfie à coup sûr, sur le marché. Les

---

[66] Comme l'indique le rapport de la BAD : les réserves internationales brutes, après avoir atteint en février 2009 leur plus bas niveau depuis cinq ans (30 millions de dollars E.U., représentant moins d'une semaine de couverture des importations) suite à la baisse des recettes d'exportation, ont augmenté à 894 millions de dollars E.U. à fin septembre (soit 10 semaines de couverture des importations). Cette augmentation fut le résultat de l'aide fournie par les partenaires extérieurs pour faire face aux effets de la crise financière internationale.

épargnants peuvent aussi accorder la préférence à la thésaurisation en vue de conserver le pouvoir d'achat de leurs économies. Par prudence, ils devaient éviter de perdre la valeur de leur argent gagné aujourd'hui et qui doit être consommé demain ; les besoins de consommation ou d'investissement dans le futur exigent l'épargne. Et s'ils épargnent longtemps, durant les périodes de crise, ils pratiquent la stérilisation de la bonne monnaie, en occurrence le dollar. Dans cet ordre d'idée, il est utile, pour raison d'efficacité de la politique menée par la banque centrale, d'évaluer au départ le niveau de l'épargne nationale en devises étrangères. Cette mesure permet d'estimer le mouvement de panique et le reflet de la prudence en cas des signaux de la chute du FC. À chaque occasion que les épargnants, sans confiance en la monnaie (la mauvaise), recherchent la bonne monnaie pour la conserver, le niveau de l'épargne nationale en constitue un indicateur. Lors de la crise de surprime, le FMI, la BM et la BAD ont accordé, durant, une aide de l'ordre de ± 800 millions de dollars en vue de renflouer le compte du trésor. Ces aides ont certes permis de respirer, mais elles n'ont pas impacté durablement et positivement la santé de l'économie dont la reprise fut étroitement liée au redressement des prix des produits miniers sur le marché.

En ce qui concerne l'actuelle crise, ses sources se trouvent également dans la contraction des prix des matières premières à partir de milieux de 2015. Comme nous venons de le souligner plus haut, le comportement des marchés mondiaux, principalement chez les partenaires, affecte les économies sensibles. Le rapport de la Banque mondiale sur le sujet (sensibilité des exportations du pays au choc externe) souligne le fait qu'un ralentissement de 1 % du PIB de la Chine (principale partenaire du Congo) entraîne une réduction des exportations au PIB de 0,31 %. Par suite, la croissance de la RDC baisserait de 0,33 %, le déficit du compte courant au PIB se détériorerait de 0,32 %, les réserves de devises totales seraient inférieures à 106,7 millions de dollars américains au niveau de référence, et le solde budgétaire se détériorerait de 0,01 % du PIB[67]. Cette sensibilité est éprouvée également en ce qui concerne les exportations vers les autres partenaires, notamment l'Union européenne. Étant donné que ces exportations se composent du cuivre, du diamant, de l'or, de bois, du coltan, et que depuis le début de la crise, le cuivre a perdu 75 % de sa valeur, le diamant en a perdu 40 %, et le prix du cobalt a été divisé par cinq, les caisses de l'État se sont vidées. Les réserves se sont asséchées, touchant le plafond, à tel point que les observateurs ont affirmé que le Congo frôle la faillite. Le compte des réserves affichait moins de 800 millions de dollars, soit une autonomie de ± 4 semaines.

En dépit de redressement du niveau des prix du cuivre, du zinc et de nickel sur le marché, les recettes ne parviennent pas à atteindre leur niveau d'avant la crise. Par ailleurs, la corruption et la fraude étant légion, les douanes congolaises perdent des millions de dollars chaque mois. Les visites répétées du ministre en charge des Finances à Matadi et à Kasumbalesa durant la période n'ont rien apporté en termes de remède à la fraude. Bien au contraire, celle-ci s'est institutionnalisée presque. Actuellement, plus de 7 ans après la crise de surprime, la même situation se répète. Lors de la réunion du comité de politique budgétaire tenue en septembre à la banque centrale, le Gouverneur l'a dit : « Tant que l'on ne lutte pas contre l'évasion fiscale, la corruption, tant qu'aucun effort n'est pas fait pour éviter le déficit budgétaire, aucune demande de dépense émanant du

[67] Banque mondiale, « Renforcer la résilience de long terme de la RDC : le rôle de la dédollarisation, de la prospection artisanale et de la diversification économique », 2015, p. 33-35.

ministère des Finances ne sera honorée ». Ce qui veut dire que la discipline budgétaire exige que l'on dépense uniquement ce qu'il y a dans les caisses. C'est le principe de zéro déficit. Outre les effets dus au déficit commercial, notons également les effets dus au déficit du compte des transferts courants. La part des transferts unilatéraux vers le Congo est dérisoire. Il est difficile, comme c'est le cas dans d'autres pays sous-développés, de chiffrer avec exactitude le volume. Les transferts les plus connus concernent des aides aux familles qui passent par les agences des transferts. Les autres circuits informels ne facilitent pas la comptabilisation nationale. Donc, l'impact de ces ressources qui sont chiffrées à des milliards de dollars américains, de loin supérieures à l'aide publique au développement, n'est pas mesurable sur la stabilisation de taux de change. Ces transferts n'atterrissent pas dans les caisses des banques du Congo ni dans celles des banques privées. Même si les statistiques peuvent être chiffrées, ces flux sont dans le circuit informel.

De même, les prêts privés reçus de l'extérieur par les banques ou les entreprises nationales sont, soit inconnus, soit maquillés. Il y a davantage des engagements annoncés non suivis par les opérations de liquidation. Il est dès lors difficile de noter les effets immédiats sur la balance des capitaux. Notons également que les sorties des capitaux (paiement des dettes) obligatoires ne sont pas équilibrées par les prêts reçus. Alors que ces prêts suivent un chemin tortueux, assez long et semé d'obstacles administratifs, leur remboursement liquide est cependant obligatoire, soit plus ou moins 50 millions de dollars par mois. Ce qui porte à penser que les effets positifs sont à la longue accaparés par ce remboursement (effet remous). L'initiative PPTE a donné l'impression que le poids de la dette s'est assoupli. Mais, depuis 2010, le pays a repris le chemin de l'endettement extérieur. Chaque année, les prêts budgétaires avoisinent 1 à 2 milliards de dollars. Bien que les statistiques officielles indiquent que le ratio représente actuellement ± 19 % du PIB, il faut noter que la prise en compte des aides budgétaires annuels depuis 2010 n'est pas comptabilisée dans ces calculs. Quel espoir pour demain ? Le rapport du FMI est pessimiste. Les réformes fiscales entreprises ne permettent pas de penser que le pays va disposer de ses propres ressources internes d'ici peu. La dépendance financière persistera. Ce rapport constate les causes : « de multitudes de petites taxes telles que les recettes non fiscales, parafiscalité, patente, enregistrement, manque de crédibilité du budget, la TVA en perte de vitesse, le manque de contrôle de l'assiette et des contribuables, le manque de contrôle des frontières et donc de la TVA sur les biens de consommation, des exonérations non contrôlées, etc. »[68] Les revenus des investissements étrangers directs (secteurs miniers, téléphonies mobiles et autres services) permettraient d'équilibrer la balance en cas de déficit. Mais nous avons souligné plus haut que les recettes des exportations minières rentrent difficilement dans le pays[69]. Les recettes fiscales internes n'atteignent pas 15 % du total des recettes publiques. Par ailleurs, les transferts des revenus des facteurs vers l'étranger étant importants, en moyenne 3 milliards de dollars par an, la balance courante reste chroniquement déficitaire. La liberté de transférer les dividendes, des bénéfices et des salaires des expatriés vers l'extérieur entraîne la libre sortie des devises vers les lieux sûrs.

Le Code des investissements congolais est parmi les plus avantageux du monde. Celui concernant les mines, bien qu'il soulève les inquiétudes des industriels dans son volet fiscal, il présente de toutes les façons un grand nombre

---

[68] FMI, Documents/rdc-rforme-fiscale-rdc-1114-sep-2017 p. 11.

[69] Au mois de novembre, Monsieur Yuma, Président du PCA de la Gécamines l'a souligné dans son mot de circonstance.

d'avantages, comparativement aux autres pays. C'est-à-dire que les bénéfices des investisseurs étrangers profitent peu à l'économie congolaise. Certains étant protégés en des lieux sûrs, à l'étranger, il s'ensuit naturellement une pénurie importante des devises sur le marché local. C'est ici l'occasion de répondre à notre interrogation du début : quel est l'impact de l'action de soutien du FMI à la balance des paiements ? Si ce soutien ne vise pas à relever le niveau des exportations et à les diversifier, si ce soutien ne vise pas les investissements directs ou de portefeuille ayant une incidence positive sur l'économie, alors, les aides qui tendent à compenser indirectement le compte des « réserves » et qui sont puisées pour financer les transferts des dividendes, des bénéfices et des capitaux non réinvestis au Congo ne contribuent que provisoirement à un équilibre externe.

2. La détérioration des termes de l'échange

Naturellement les termes de l'échange des produits de base par rapport aux produits finis varient. Une étude menée en 2009 par Virginie Coudert, Cécile Couharde et Valérie Mignon à ce propos aboutit à la conclusion selon laquelle : « les termes de l'échange constituent l'un des déterminants essentiels des taux de change réels des économies. L'estimation de taux d'équilibre de long terme permet de chiffrer cet impact pour les exportateurs de pétrole, d'une part, et ceux d'autres produits primaires, de l'autre »[70]. Nous affirmons avec ces auteurs que le second canal de la transmission de la crise au Congo-Kinshasa depuis 2001 est la détérioration des termes de l'échange. Les prix des matières premières sont généralement sous-estimés, parfois

[70] Virginie Coudert, Cécile Couharde, Valérie Mignon, « Termes de l'échange et taux de change : un lien troublé par les politiques d'ancrage », Lettre de CEPII, n° 28, mars 2009.

en dessous des coûts réels de production. Un choc dû à la demande faible ou à l'offre abondante de ces produits peut concourir forcément à la détérioration des prix de ces matières. Dans la mesure où les recettes chutent (sécheresse des devises), alors que les besoins en importation des biens et des services aux prix élevés sont énormes, il est évident que le niveau de ces prix des biens importés entraîne une inflation (cas des produits pétroliers). Dès lors, une telle situation combinée (chute des recettes et hausse des prix à l'importation) se répercute sur le taux de change. Car, la dépréciation entraîne davantage l'hyperinflation liée à la hausse des prix des biens importés. Dans son analyse, Valère Omwami aborde le lien entre les exportations des minerais du Congo-Kinshasa et le taux de change, mais sa conclusion ne corrobore pas notre propos de liens entre taux de change et les prix relatifs des biens échangeables (exportations et importations) de 1992 à 2009, soit une période de 10 ans[71]. L'auteur n'a pris en compte que l'évolution du prix du diamant. Cette lacune a faussé sa conclusion. Il a oublié de prendre en compte l'essentiel des matières premières exportées. Le poids du diamant est pourtant peu important. Il ne se négocie pas sur les marchés dans les mêmes conditions que les autres matières premières. Donc, les termes de l'échange des autres produits de base influencent positivement la tendance du taux de change au Congo-Kinshasa. Nous sommes de l'avis avec Albert Tcheta-Bampa qui pense que la détente observée de la dépréciation durant un temps est le fait de la hausse des prix des produits miniers (exportations) ainsi que la baisse des prix des produits pétroliers ayant un

[71] Valère Omwami, « Relation entre le taux de change et les prix relatifs des biens échangeables en RDC de 1992 à 2009 », Mémoire de licence en économie.

impact sur la réduction du déficit commercial (importations en baisse)[72].

Graphique 5 : Termes de l'échange réel (2000 = 100) du Congo-Kinshasa

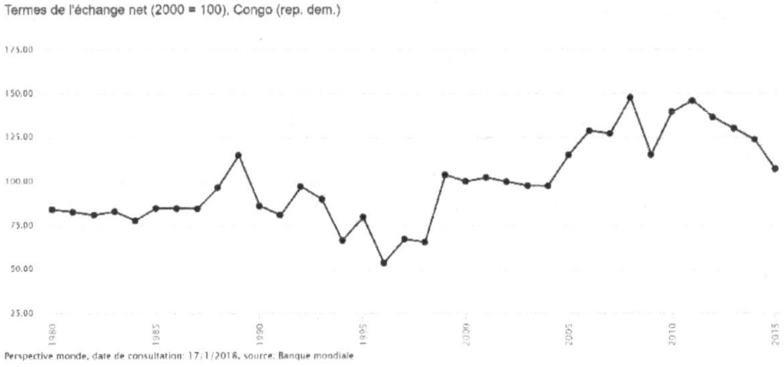

Si les États sont appelés à répondre à la demande nationale (consommation) des biens finis, y compris des biens intermédiaires, ils doivent débourser un peu plus d'argent en période de crise dans le cas où la production nationale ne suffit pas. Le poste « importation » peut, soit, s'améliorer, soit se détériorer. Il s'améliore si le pays y consacre plus de devises reçues, en guise de l'aide à la balance des paiements. Il se détériore si le pays n'accède pas à l'aide et est tenu de compter sur les ressources propres, de plus en plus maigres. Or, la tendance générale est de maintenir le rythme des importations croissant, si pas constant, tant que l'industrie locale n'est pas à même de compenser la réduction des importations. La figure ci-dessous en est une illustration.

[72] Albert Tcheta-Bampa, « Quelles sont les causes les plus vraisemblables de la détente de la dépréciation du franc congolais ? » *In* zoom-eco.net, 2017.

Graphique 6 : Montant des importations en FC

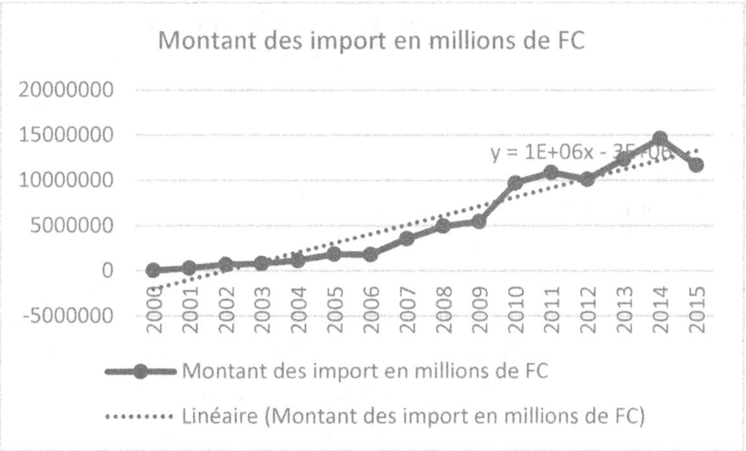

Ce qui convient de retenir ici c'est le fait que le coût élevé des importations, dû à la hausse des prix des biens finis, entraîne l'inflation importée. Cette inflation a des répercussions, non seulement sur le niveau de la demande intérieure, mais aussi sur le prix de la monnaie locale par rapport aux devises étrangères. Si la politique monétaire consiste à soutenir les importations en période de crise pour répondre aux besoins immenses, il est indiscutable que l'inflation devient une source de l'écart entre les devises et la monnaie locale. Car, les importateurs, par esprit d'anticipation, adoptent un comportement rationnel. Craignant la chute de la monnaie locale (monnaie d'échange), ils fixent les prix par rapport à la devise étrangère, anticipant la dépréciation ; question de disposer d'une marge des bénéfices suffisants au moment d'effectuer de nouvelles commandes des biens et des services à l'étranger. À ce sujet, notons qu'au Congo, le secteur des hydrocarbures est une des locomotives de la chute de la monnaie locale. À chaque hausse des prix sur le marché mondial, les répercussions arrivent vite dans les poches. Les prix de tous les produits montent, y compris les produits alimentaires non importés. La cause ? Dès la hausse des prix de transport, les cambistes répondent à leur tour et fixent le prix du dollar à la hausse. Le stabilisateur des prix, dans ce cas, serait le niveau des stocks des produits pétroliers. Quelle est la marge des réserves ? Pour combien de mois ? Et même alors, la crainte de manque de devises au moment venu, la crainte aussi de la hausse des prix sur le marché mondial, sont autant des raisons qui poussent à un réajustement continuel des prix, impliquant aussi la dépréciation continue de la monnaie locale. Outre le prix des produits pétroliers, notons aussi que le Congo importe tout. Les besoins exprimés en devises sont chiffrés à plus ou moins 200 millions de dollars par semaine. Dans ce cadre, chaque bien importé est une source de détérioration du taux de change dans la mesure où l'esprit d'anticipation oblige les importateurs à fixer le prix à la hausse calculé au taux du jour du dollar. Sauf dans le cas où la concurrence permet à ces importateurs de miser sur la baisse des prix pour gagner les parts du marché.

3. Les politiques économiques non autonomes

Les politiques économiques visent quatre grands agrégats : la croissance, le plein-emploi, la stabilité des prix et l'équilibre des comptes extérieurs. Dans une économie ouverte, il est difficile de les conduire d'une manière autonome, car les relations avec les autres marchés jouent un rôle positif ou négatif. Dès lors, il se pose le problème de coordination des facteurs tant internes qu'externes afin de réaliser les objectifs visés, surtout lorsque certains apparaissent contradictoires (courbe de Phillips). Kaldor en a démontré les limites dans son « *carré magique* ». Et, les économies ouvertes n'ont pas les mêmes caractéristiques. Les plus sensibles aux chocs sont celles des pays pauvres.

Généralement, la politique budgétaire, la politique monétaire et la politique fiscale ne peuvent être exécutées avec efficacité à tout point de vue à cause des contraintes externes. L'inflation importée, les taux de change sur les marchés mondiaux, la chute de la croissance chez les partenaires, l'orientation de l'offre, la volatilité des mouvements des capitaux ailleurs, le niveau des taux d'intérêt exercent une influence sur la conduite des politiques économiques monétaire ou budgétaire d'une petite économie ouverte. Le triangle d'incompatibilité de Mundell est une référence.

Dans le cas de réponse à une crise, il est possible d'entreprendre les mesures conjoncturelles visant la relance, la lutte contre l'inflation, l'arrêt de la dépréciation de la monnaie et le maintien de l'emploi, l'équilibre des comptes extérieurs, à court terme. Mais, une crise structurelle qui dure, comme c'est le cas au Congo-Kinshasa, impose les réponses structurelles. Dans le cadre de notre étude présent, il s'agit de démontrer la non-autonomie de ces politiques dans le contexte de lutte contre la crise de change flottant jugée comme conjoncturelle, alors que sa dynamique s'inscrit dans une logique de long terme. Certaines théories macroéconomiques classiques s'avèrent difficiles à appliquer dans des économies pauvres. Quels sont les remèdes envisagés généralement par l'autorité monétaire ? En cas de crise, la banque centrale procède au contrôle de change, à la hausse des taux d'intérêt, à la stabilisation des prix, à la réduction du déficit budgétaire, à la hausse du taux des réserves obligatoires et à la restriction des crédits, tout ceci en fonction de l'objectif final. Mais les succès ne sont pas nécessairement au rendez-vous.

Au Congo-Kinshasa, l'autorité monétaire n'est pas à même d'évaluer, avec exactitude, le volume de la masse monétaire en circulation dont l'excès peut être retiré provisoirement de la circulation, par crainte de son impact sur le prix. Dans ce cas, le choix entre l'équilibre du taux de change et la nécessité de relancer la consommation et l'investissement devient problématique. Les impératifs politiques conduisant au dépassement des prévisions budgétaires conduisent à ignorer l'indépendance de la banque centrale. C'est le cas dans beaucoup de pays en développement où les dépenses publiques deviennent discrétionnaires et ne correspondent pas nécessairement à la logique de l'équilibre budgétaire au sens du terme. Les banques sont ainsi soumises à la volonté des décideurs politiques (planche à billets).

Imaginons que la banque procède au relèvement du taux d'intérêt en vue de décourager la demande des crédits, qu'est-ce qui peut arriver ? Sans doute, il est possible que les investisseurs étrangers, loin de se réjouir, ils se découragent, surtout lorsque ces prêts sont en monnaie locale, ils peuvent orienter leurs flux nouveaux vers les pays tiers. Et dans le cas où le taux des crédits est élevé dans une économie dollarisée à outrance, les banques n'ouvrent pas nécessairement les robinets à toute demande. Tout dépend de l'accélérateur financier. Elles peuvent accorder la préférence à la catégorie des agents qui présentent moins de risques. À cet égard, une analyse conduite par Lonzolo Lubu et K. Omoyo affirme que « le niveau d'intermédiation financière au Congo est faible : le crédit est essentiellement informel et le crédit bancaire formel au secteur privé représente moins de 3 % du PIB. Le service bancaire aux particuliers est en général peu développé, et la plupart de banques agissent comme agents financiers du gouvernement n'octroyant des crédits qu'aux institutions internationales opérant dans le pays »[73].

[73] Lonzolo Lubu, Kabwe Omoyi, *Intermédiation financière et croissance économique en République démocratique du Congo*, Unikin, janvier 2015.

Les banques évoluent plus comme pourvoyeuses de financement au secteur des mines et du pétrole, précisent les auteurs. La structure des crédits à l'économie demeure dominée par les crédits en devises. La part de ce dernier dans l'encours total de crédits est passée de 89,7 % à 95,1 %, de 2010-2011, soit une hausse de 5,4 points de pourcentage. Les demandes des ménages à risques, dans les pays en développement, n'intéressent pas les banques, surtout dans le contexte des taux élevés. Seules les entreprises étrangères peuvent accéder aux crédits. Mais elles peuvent aussi anticiper les difficultés de remboursement de demain. Si les prévisions de rentabilité ne sont pas concluantes, ces entreprises tournées vers la production locale peuvent craindre les effets liés aux coûts de production. Dès lors, les crédits élevés vont éloigner les investisseurs. Si le pays organise un marché financier assez large, l'achat des titres dans le cadre de taux de change couvert est possible. Mais si la variation de ce taux de change de la monnaie locale est souvent due à des chocs exogènes imprévus, il est possible que les investisseurs craignent de prendre le risque. Hervé Otshudi écrit à ce propos que « la hausse du taux directeur a très peu d'impact sur les banques commerciales et leurs clients, puisque les emprunts en francs congolais ne représentent que 10 % de la totalité des emprunts ; deuxièmement, il n'existe pas d'instruments financiers en franc congolais en dehors des bons du Trésor, troisièmement, la faiblesse du franc congolais renforce le dollar américain comme valeur refuge, et donc de fait, accroît la demande en devise. »[74]

La stérilisation des réserves ne peut tenir que dans le cas où les banques obéissent à l'obligation. Ailleurs, cet instrument est presque obsolète. Encore faudra-t-il qu'elles disposent de ressources utiles pour alimenter la trésorerie d'une manière régulière. Or, ces mêmes banques se

---

[74] Hervé Otshudi, janvier 2017.

tournent en cas de crise vers la Banque Centrale pour financer leurs besoins de liquidité utiles à leurs activités. Un pays marqué par la crise financière peut-il dès lors imposer un tel choix (le taux de stérilisation élevé) aux banques de second rang ? Dans le cas d'open *market*, même si la rémunération est meilleure, les banques répondent-elles à l'offre ?

Les banques qui savent que les avoirs extérieurs s'épuisent, peuvent-elles se soumettre à l'obligation d'un taux de plus de 13 % des réserves obligatoires ? Dans la mesure où la banque centrale rachète la monnaie locale (nous l'avons déjà souligné plus loin), et elle injecte un flux important des devises sur le marché afin d'absorber le trop-plein de la monnaie locale. Mais les banques de second rang qui les rachètent ne sont pas tenues de les injecter nécessairement sur le marché national, à la disposition des clients et des investisseurs potentiels ; la crainte, par ailleurs, la de récession prolongée constitue un motif de replis de ces banques. La préférence sera probablement de conserver ces réserves ou de les placer sur des marchés étrangers, les plus rentables. Sans se soucier de cette logique, la banque centrale peut continuer à vendre les devises jusqu'au moment où elle arrive à un seuil critique. À la longue, elle peut se trouver au bout du fil dans la mesure où les rentrées nouvelles ne sont pas disponibles.

Quelles leçons pouvons-nous retenir de cet instrument d'adjudication ? Les contraintes externes sur l'autonomie des politiques économiques sont un fait incontestable, surtout en période de crise à répétition. La rareté des devises renchérit celles-ci. Le taux de change flottant peut permettre un auto-équilibre, mais ceci n'est pas toujours le cas. L'autorité monétaire est appelée à absorber une masse monétaire de trop sur le marché pour établir la stabilité entre la monnaie locale et les devises. Dans le contexte de l'économie informelle, cette politique n'est pas toujours réaliste. C'est le cas de ce qui se passe au Congo. Il a été noté que lors de la crise de surprime, l'opération d'adjudication a permis d'injecter plusieurs millions de dollars sur le marché en vue de ramener la monnaie à sa valeur d'avant la crise. En dépit de cette opération, le taux de change est passé, comme dit ci-haut, de 560 FC pour un dollar à 830 FC, après un petit répit. Les pessimistes estimaient que le taux atteint (850 FC) était celui de l'équilibre. Aujourd'hui, il est à plus de 1 600 FC. Demain, cette chute va sans doute continuer, tant que les solutions de type classique appliquées dans certains pays à économies fortes sont transposées dans des pays à faibles revenus, sans se préoccuper du fait que la santé générale de l'économie d'un pays doit être nécessairement intégrée dans des solutions conjoncturelles. En effet, comment calculer l'équilibre de taux de change d'une monnaie fragile par rapport à la première devise du monde dont l'usage représente ± 70 % des transactions globales ? Par la loi de l'offre et de la demande, dira-t-on. Ce qui ne se justifie plus aujourd'hui ! Dès lors, comment prédire le taux d'équilibre dans une économie en récession et dont les signes de la reprise, bien que théoriquement confirmés, restent sujets à caution ? Comment parler du taux de l'équilibre dans une économie sous cure, soumise aux ajustements obligatoires des institutions de Bretton Woods et qui, en même temps, reste caractérisée par les besoins immenses en monnaie étrangère ?

Comment envisager l'équilibre des monnaies dans une économie où la maîtrise des prix, la maîtrise des salaires, la maîtrise de l'emploi, la maîtrise de l'offre, la réalisation des recettes, le contrôle des dépenses, etc., échappent à toutes les politiques classiques de surveillance et restent soumis à des contraintes qui poussent le pouvoir à l'improvisation, creusant la confiance des agents économiques ? Comment parler de la maîtrise du taux de change dans une économie complètement extravertie ? Comment lutter contre la stabilité de la monnaie nationale en recourant à l'adjudication tout en ignorant l'impact négatif des groupes monopolistiques qui opèrent en toute liberté, y compris dans le cadre de transferts des revenus des facteurs et de placement des avoirs à l'extérieur du pays ? La mainmise de ces groupes, sur les décisions économiques, est-elle intégrée dans les politiques conjoncturelles ?

Un autre fait à souligner est aussi l'existence au Congo d'un double marché : informel et formel. Il est noté que 60 % de l'activité économique échappe au contrôle. À ce sujet, l'autorité monétaire est-elle capable d'identifier le comportement des agents économiques et de prévenir les dérapages susceptibles de nuire à l'efficacité de sa politique d'adjudication ? Il est difficile de savoir qui dicte la variation des taux de change, au-delà du taux interbancaire appliqué (taux officiel). Et quel est réellement le surplus de la masse monétaire qui soit la cause de détérioration du franc congolais. La banque centrale n'agit que sur la masse disponible dans les circuits formels. Elle tient compte de l'expansion monétaire et de ses effets. Or, nous disons que le volume de la masse en économie informelle est aussi très important. Cette difficulté à formaliser les marchés monétaires met en mal toute mesure de régulation du système financier congolais. Les statistiques disponibles indiquent que ce marché informel représente plus ou moins 40 à 70 % du PIB.

Une des causes de cet état de choses est l'étroitesse du système financier. Pour un pays de 2,345 millions km², les institutions financières bancaires et non bancaires couvrent à peine ¼ de la surface totale[75]. Le taux de

---

[75] D'après Noël Tshiani, il y a dans l'ensemble 23 petites banques commerciales ; 157 coopératives d'épargne et de crédit ; 19 institutions de microfinance et quelques bureaux de change, ± 80 agences bancaires au total, en grande partie concentrées à Kinshasa,

bancarisation ne dépasse pas 4 % de la population estimée à ± 89 millions d'habitants. Pourquoi cette faiblesse ? Le revenu par habitant est très bas. Plus de 88 % de la population vivent en dessous du seuil de la pauvreté. Mais on peut aussi imaginer que la méfiance des banques face à des faillites probables des entreprises et aux risques de non-remboursement des crédits en est une autre. Ces données statistiques sont certes, à prendre avec prudence, mais elles constituent une mesure de l'impasse dans laquelle se trouve le pays lorsqu'un instrument de politique économique est envisagé sans certitude de son efficacité.

Ainsi, il est noté que chaque opération d'adjudication n'atteint malheureusement pas ses objectifs attendus. Il ne faut pas perdre de vue, également, du fait que cette adjudication ne concerne principalement que les banques situées à Kinshasa. Les autres agences ayant des liens de transactions avec les entreprises minières, les entreprises commerciales, le secteur de services ayant aussi besoin, et de devises et de monnaie locale, sont situées à travers tout le pays. Récupérer une petite masse monétaire dans la capitale peut sembler être un coup d'épée dans l'eau dans la mesure où la vitesse de circulation de la masse dans l'économie n'est pas maîtrisée, d'une part, et de l'autre, la demande de la monnaie locale pour les besoins en investissement et en consommation est difficilement combinée avec le retrait forcé de la masse dite de trop.

Aussitôt que la masse de trop est mise hors circulation par la banque centrale, l'économie informelle ou souterraine s'active et comble le vide et entretenant une nouvelle expansion monétaire et ses effets. Les petits investisseurs peuvent vite s'approvisionner, permettre la vivacité de leurs petites économies de survie et tenir ainsi le coup. Ils activent les circuits informels ayant un impact

---

et ne comptent pas dans leur capital d'actionnaires congolais important.

sur l'ensemble de l'économie ; ceci, compte tenu de la somme des masses brassées par jour. Autrement dit, une forte demande cumulée avec une forte vitesse de la masse en circuit informel peut affaiblir la politique de stérilisation appliquée par l'autorité monétaire. Dans ce même ordre d'idée, la restriction des crédits ou la hausse des taux d'intérêt n'aura pas d'impact à long terme. La demande locale, si elle est forte et justifiée par la volonté de relancer certains secteurs d'activités, elle pousse l'ouverture des robinets des banques commerciales. L'idée maîtresse de la banque centrale, étant de décourager l'expansion par des emprunts ou par un accroissement des transactions, peut ne pas aboutir, car il n'existe pas un automatisme à ce sujet. Aucune étude ne peut attester la validité d'une telle politique. La demande des prêts n'est pas liée absolument au niveau des taux. Économiquement, les agents ne suivent pas aveuglément les règles de la banque centrale. L'évolution des taux d'intérêt peut s'éloigner de celle du taux directeur (indicateur) surtout en période de crise financière. Le volume des transactions dépend, certes, de la monnaie de base. Mais lorsque les mouvements de cette monnaie ne sont pas maîtrisés, la banque centrale peut rater son objectif de stabilisation de l'expansion.

En évoquant la politique budgétaire, remarquons que la reconstruction (Cinq chantiers) s'inscrit dans le contexte de soutien de la demande nationale et de soutien à la croissance par les dépenses publiques. Or, on ne peut pas mener avec efficacité la discipline budgétaire restrictive sans entraver la politique de relance par la demande, tel qu'elle est mise en route actuellement. Pour rappel, au début de l'année 2009, les prévisions des dépenses d'investissement étaient de l'ordre de 36 %, soit 943 milliards. Selon le ministre du Budget, ce crédit se subdivisait comme suit : 659 milliards de FC sur ressources extérieures dont 433 milliards de FC en provenance de la

Chine en plus des apports des partenaires traditionnels ; et 284 milliards de FC sur ressources propres. L'État ayant fait la promesse d'offrir les conditions de la reprise en soutenant l'emploi, la santé, l'éducation, les grands travaux d'infrastructure par le financement avec des fonds propres, celle-ci nécessite, non seulement, le recours à la monnaie locale pour les offres locales et le paiement de la main-d'œuvre, mais aussi le recours aux devises pour l'importation des biens d'équipements nécessaires. Étant donné le désordre budgétaire justifié par la crise, personne ne peut dire si le contrôle des dépenses est bien appliqué de manière à éviter les dérapages. Il s'ensuit naturellement l'effondrement de la monnaie locale par rapport aux devises dans la mesure où la demande de la première nécessite l'injection sur le marché des masses équivalentes, cependant que les devises sont rares, faute de réserves suffisantes, et faute aussi de disponibilité des recettes fiscales prévues. Même si cette prévision n'a pas été respectée pour des raisons de discipline budgétaire, il y a eu des dépenses contraignantes de l'ordre de 1 401 milliards de FC (paiement de la dette publique, rémunérations du pouvoir central et des secteurs à compétence exclusive des provinces, rétrocessions aux Régies financières, transferts aux provinces au titre de fonctionnement et investissements)[76].

Ces contraintes sont les mêmes pour chaque exercice budgétaire. On peut imaginer sans se tromper que le souci de se conformer à cette contrainte entraîne, à l'abri de tout contrôle efficace, un dérapage budgétaire. Ce constat est le même, chaque année au Congo. André Shikayi, ancien vice-ministre du Budget, démontre dans son ouvrage[77] sur

[76] Discours du ministre du Budget.

[77] André Shikayi Luboya, *La politique budgétaire de la République démocratique du Congo*, Éd. Puz, 2014.

la politique budgétaire que les dérapages sont répétitifs depuis des années.

Terminons ce raisonnement en examinant les effets de la dette publique. En cas de crise financière qui creuse énormément les réserves en devises, les mécanismes d'aide prévus par les institutions de Bretton Woods sont activés. Durant la crise de surprime, le Congo-Kinshasa a obtenu une aide de plus ± 800 millions de dollars pour soutenir la balance des paiements. Cette aide a relevé la capacité du pays à faire face aux engagements extérieurs à 8 semaines d'autonomie. Comme l'indique le rapport du PNUD : « Situées à USD 1 510 millions en 2010, représentant une couverture de 8,8 semaines d'importation, les réserves internationales ont atteint USD 1 299 millions en 2011 et USD 1 690 millions en 2012, représentant une couverture respectivement de 9,1 et 10 semaines d'importations non liées à l'aide »[78].

Mais la chute des recettes à l'exportation entre 2015 et 2017 a ramené les réserves à moins de 900 millions de dollars. La liquidité injectée dans l'économie (prêts) peut atténuer le niveau de dépréciation de la monnaie nationale, mais elle ne ramène pas, nécessairement, le taux à son équilibre de début de la crise. Elle peut stabiliser le taux à un niveau et pour une courte durée. Aussitôt que les conditions de déclenchement de la nouvelle dépréciation sont réunies, celle-ci revient à la surface. Le soutien aux importations autorise une nouvelle capacité de sortie des ressources vers l'extérieur. Le laxisme des services des douanes et l'évasion fiscale peuvent finalement priver au pays les recettes issues des douanes. Si les importations sont incompressibles, les besoins de financement s'élèvent, faute de l'inexistence de la production nationale, dès lors, les aides (prêts) ne s'inscrivent pas dans le contexte de la

[78] Rapport du PNUD, 2013, p. 23.

relance de l'économie. À la longue, le remboursement réduit les effets positifs et il devient une pesanteur sur le budget du pays. Le mécanisme de stabilisation automatique est une illusion dans les pays à faible revenu, dont les recettes intérieures ne peuvent dépasser 30 % du PIB. Contrairement aux revendications des entrepreneurs (grandes entreprises) sur la forte pression fiscale que leurs entreprises subissent, les données démontrent qu'en moyenne la pression au Congo-Kinshasa est inférieure au taux africain. Ce qui signifie que les déficits budgétaires ne peuvent être compensés automatiquement par le niveau des recettes fiscales.

Graphique 7 : La pression fiscale en RDC (2004-2014)

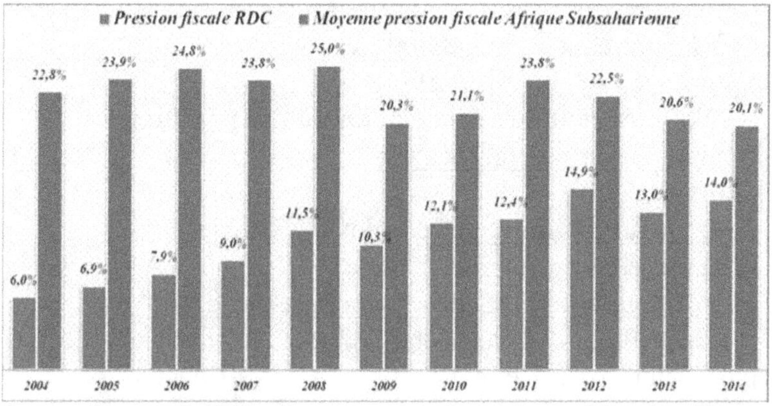

Source : Rapport du FMI sur les perspectives économiques régionales, Afrique subsaharienne, octobre 2014.

En dépit des diverses redevances et taxes et impôts prévus dans le code minier, version 2002, le pays n'a pas bénéficié de ses droits, si l'on se rapporte aux déclarations des uns et des autres, lors de la promulgation du nouveau code minier, fort contesté par les industriels du secteur.

Le régime fiscal imposable aux entreprises minières (code minier 2002)

1.Redevances :
- 0,5 pour cent les métaux ferreux, 2 pour cent pour les métaux non ferreux ;
-2,5 pour cent pour les métaux précieux, 4 pour cent pour les pierres précieuses,
-1 pour cent pour les substances minérales industrielles, 0 pour cent pour les matériaux de construction

2.Impôt sur le revenu :
-30 pour cent du revenu imposable

3.Impôt sur les dividendes et d'autres revenus indirects
-10 à 20 pour cent

4.Droits de douanes à l'importation :
-2 à 5 pour cent de la valeur CAF

5.Impôt sur le chiffre d'affaires :
- 3 à 5 pour cent du service intérieur des produits

6.Impôt sur le revenu locatif :
-22 pour cent

7.Impôt sur le salaire des employés expatriés :
-10 pour cent du salaire

8.Droits superficiaires dus sur la base des droits miniers :
-0,02 à 0,08 dollar par hectare pour la recherche et 5 dollars par hectare pour l'exploitation (8 dollars l'hectare pour les résidus)

9.Impôt sur la propriété foncière et immobilière
- au taux ordinaire

10.Impôt sur les véhicules et taxe de circulation routière
-au taux ordinaire

11.Les substances minérales (à l'exception des diamants)
-exonérées de droits de douanes à l'exportation

12.Les droits pour les services rendus à l'exportation
-n'excèdent pas 1 pour cent de la valeur

12.Impôt sur les concessions minières :
- 0,02 à 0,08 dollar par hectare pour la phase de recherches et 0,04 à 0,08 dollar par hectare pour l'exploitation.
13.Pour les rejets,
-l'impôt est de 8 dollars par hectare

14.Pour les droits superficiaires annuels :
-le taux augmente suivant les années
15.Pour les permis de recherches,
-il varie entre 2,55 à 26,34 dollars par carré.

16.Pour les droits superficiaires annuels pour les permis d'exploitation :
-4,78 dollars par carré

17.Pour les autorisations d'exploitation des rejets :
-le taux annuel est de 679,64 dollars par carré

18.Pour l'exploitation minière à petite échelle :
- les taux des droits superficiaires lors la recherche sont variables et les mêmes que pour la grande mine.
19.Le taux pour la phase d'exploitation :
-195,40 dollars.

L'Arrêté interministériel publié le 9 août 2007 par le ministère des Mines fixe ces droits au nombre de 46 (droits, dépenses et taxes distincts rattachés à divers agréments et permis administratifs). Ce code vient d'être modifié. L'Etat pense ainsi tirer profit de ces exploitations. Les nouvelles dispositions constituent une pomme de discorde avec les industriels dont le mécontentement ne baisse pas. Un des plus grands exportateur (africains) des produits miniers est ainsi le plus démuni en recettes fiscales issues du secteur.

4. L'ancrage dans la zone dollar

Il existe des zones monétaires : dollar, euro, FCFA, Yen, etc. Les pays à faibles économies, bien que disposant de leurs propres monnaies, ont la préférence pour les zones d'arrimage, compte tenu de l'usage régulier de telle ou telle devise et de sa valeur refuge. La théorie économique explique que l'arrimage limite l'incertitude dont peuvent souffrir les agents économiques dans leurs relations avec le reste du monde ; il favorise l'investissement national, l'investissement étranger direct et le commerce. Il permet aux épargnants de disposer d'un revenu exprimé dans une valeur sûre, limitant les effets de l'inflation pour la consommation présente ou future. Le choix d'une zone est défini aussi par le volume des échanges avec l'extérieur et par le flux des investissements.

Le Congo se trouve dans la zone dollar, avec toutes les conséquences que cette décision comporte[79]. Son histoire indique que sa monnaie a connu, dans le temps, d'autres zones : la livre sterling, le franc belge, les DTS (droit de tirages spéciaux). Le choix de l'actuel ancrage se justifie-t-il ? Est-ce par le fait que le dollar américain représente 60 % des réserves sur le marché mondial (commerce et finance) ? Est-ce par le fait que des entreprises filiales œuvrant au Congo ont la préférence pour le dollar, réserve sûre, gérée avec prudence par la Fed (ciblage de l'inflation et des niveaux du taux d'intérêt) ? Est-ce par le fait que les transactions externes (publiques et privées) du pays sont réalisées en dollar américain ? Est-ce

[79] Cette dollarisation découle non seulement du décret-loi 004/2001 du 31 janvier 2001 autorisant la libre circulation du franc congolais et des devises étrangères sur le territoire national, mais aussi du fait que la confiance en la monnaie nationale était pratiquement perdue. Or, ce qui attribue à la monnaie sa signification primaire, c'est cette confiance (monnaie fiduciaire).

en rapport avec les liens étroits avec les institutions de Bretton Woods ? La convertibilité des monnaies à l'époque de création du FMI était en dollar, monnaie de référence. Ce n'est plus le cas aujourd'hui. Est-ce par le désir de se rapprocher de la première puissance économique du monde ? Est-ce par la crainte de faible rôle des autres devises internationales : livre sterling, euro, yuan, yen, rouble, franc suisse, dans les capitaux au niveau global ? Si nous raisonnons en termes de performance économique des États-Unis, nous pouvons déduire que le choix se justifie. Il permet de faciliter les échanges, de maîtriser la stabilité des prix exprimés en dollar. Il est important dans le cadre des économies dont les prix, les taux d'intérêt, les taux de change liés. Il est aussi important dans la mesure où les critères de convergence économique dans le cadre des unions, permettent une meilleure intégration dans un espace de plus en plus homogène. Il rassure les investisseurs.

L'état de l'économie congolaise justifie-t-il ce choix de la zone dollar ? Les deux économies (américaine et congolaise) sont-elles proches ? Quelles sont les conséquences de cet ancrage sur les petites économies, à l'instar de celle du Congo-Kinshasa ? Lorsque les agents économiques perdent confiance en leur monnaie nationale et décident de traiter toutes les affaires (même la vente des cacahouètes) par rapport au taux en dollar, il y a lieu de craindre le pire, dès lors que l'accès à cette devise n'est plus donné à tout le monde.

Notons que le choix du régime flottant a été adopté à la suite de l'écart croissant qui se creusait entre le taux nominal fixe et le taux réel du marché. Cet écart, nous l'avons vu tout le long de cette analyse, est influencé par divers facteurs. La rareté en est un des facteurs. La sécheresse de plus en plus aigüe a fait du dollar la monnaie fétiche (dollarisation). Lors de sa réunion du 21 septembre 2017, les membres de la FEC (Fédération des entreprises du

Congo) ont même proposé de mettre fin aux mesures visant la dédollarisation de l'économie[80]. Notons à titre de rappel que le taux de dollarisation est de ± 84 % (dépôt) et de ± 93 % des prêts ce dernier temps, alors qu'en 2003, le taux de dépôt était de 43 % contre 7 % seulement en 1990. Il s'agit des données enregistrées à partir des flux formels et non celles du circuit informel. Loin d'impacter positivement l'économie, elle ronge celle-ci. Noël Tshiani souligne à ce propos que « La dollarisation appauvrit la République démocratique du Congo au profit de la Réserve fédérale américaine qui perçoit les revenus de seigneuriage sur les dollars circulant au Congo, soit au moins 600 millions de dollars par an »[81]. C'est un prix à payer. Il ne peut être perçu comme un appauvrissement, comme l'imagine Noël. Les méfaits peuvent être notés ailleurs. Pendant les périodes d'embellie, durant lesquelles le taux se stabilise, l'usage du dollar comme monnaie refuge a pris racine dans le comportement des agents économiques. Les ministres, les chefs d'entreprises, les ménages, les petits vendeurs de détails et ambulants, etc., se réveillent chaque matin et s'interrogent sur le taux de change avant toute décision d'affecter leurs dépenses.

Aussitôt informés, ils parcourent les rues à la recherche des billets verts auprès des cambistes. Le métier étant prisé, les intermédiaires inondent non seulement les rues, mais aussi les couloirs et devant les boutiques et étalages. Au marché et un peu partout, les vendeurs proposent leurs prix au taux du jour, équivalent dollar. Certaines agences de voyages et certains hôtels n'acceptent pas le franc congolais. Les billets d'avion (voyages à l'étranger) sont vendus en dollar. Si l'on totalise le total des

---

[80] Beltraide, « La FEC propose à l'État congolais la dollarisation des flux », ACP, septembre 2017.

[81] Dr Noël K. Tshiani, « Pour une monnaie nationale crédible au Congo », in Banques & Assurances, 6 juillet 2013.

billets par semaine (± 5 vols par jour), il y a lieu d'évaluer le montant (dollar) qu'une seule entreprise brasse : un billet revient à plus de mille, deux mille dollars. Si l'on estime la moyenne de 600 passagers par jour, on obtient le montant de ± 800 000 $ pour les voyages à l'étranger par jour. Chaque mois, les services assurés par ces agences brassent le transfert des millions de dollars vers l'extérieur. Si nous étendons le même raisonnement à d'autres entreprises dont les activités sont essentiellement extraverties, notamment dans la distribution : Orgaman, Congo Futur, Beltexco, etc., il ressort que la valeur en dollar qui passe par les mailles de ces entreprises monopolistiques est énorme. Elles sont toutes dans l'import/export. L'exportation concerne les produits de base, tandis que l'importation concerne tous les biens de consommation, intermédiaire et finale.

Parce qu'elles doivent se prémunir contre les risques de rareté des devises aussi bien pour les profits que pour les achats, elles préfèrent le dollar, se débarrassant au quotidien de la mauvaise monnaie, à savoir : le franc congolais. Cette cause est étroitement liée à la faiblesse de l'industrie locale qui ne peut couvrir les besoins de la demande nationale en biens et services.

Peut-on réduire le volume des importations par le contrôle de change, sans provoquer les effets pervers ? Ce n'est pas possible dans un pays où la propension marginale à importer est constante. Il y a lieu d'associer aussi le manque de confiance en la monnaie locale à d'autres causes que nous avons déjà évoquées. Les vendeurs (détaillants et grossistes) craignent d'être surpris par la perte des leurs avoirs. La facturation se fait en monnaie locale, mais au taux du jour, tout en anticipant la dépréciation future. Cette pratique du taux de change anticipée a des effets sur les prévisions conjoncturelles. Elle permet de conserver le pouvoir d'achat en dollar et éviter les risques de dépréciation de la monnaie locale.

Ainsi, les agents suivent l'évolution du taux du jour et ajustent les prix. Les ménages qui peuvent épargner préfèrent également garder intacts leurs pouvoirs d'achat dans la mesure où les revenus mensuels dont ils disposent s'érodent chaque mois. Le tableau suivant indique la tendance de cette dollarisation de l'économie congolaise. Les dépôts en devises étrangères représentent ± 85 % de la masse monétaire ; tandis que les dépôts en monnaie nationale ne dépassent pas 15 %. Notons que les flux hors circuit officiel ne sont pas comptabilisés ici. L'économie informelle représente ± 60 % des transactions commerciales au Congo-Kinshasa.

Tableau 11 : La dollarisation de l'économie (2000-2013)

Période	2000	2002	2004	2006	2008	2010	2011	2012	2013
Crédit en devises (% de crédit total) … … … … …						100	94,8	94,5	94,7
Crédit en devises (en % de M2) … …						24,6	38,3	42,4	43,5
Dépôt en devises (% des dépôts totaux)	43,5	81,3	86,0	86,3	87,1	84,7	89,3	86,5	85,8
Dépôt en devises (% de M2)	12,0	38,3	45,4	49,7	60,6	63,6	66,6	69,0	68,6
Dépôt en monnaie nationale (% du total)	56,5	18,7	14,0	13,7	12,9	15,3	10,7	13,5	14,5
Dépôt en monnaie nationale (% de M2)	15,5	8,8	7,4	7,9	8,9	11,5	7,9	10,7	11,6

Source : Banque centrale du Congo (BCC), rapports annuels 2004 à 2013.

La dollarisation ne se mesure pas uniquement par le niveau des dépôts et des crédits, mais aussi par le niveau de l'usage courant de cette monnaie dans les autres transactions. Nous venons de souligner plus haut que la fixation de prix en monnaie nationale se fait au taux du jour. L'analyse des statistiques mensuelles de la banque centrale indique que les paiements des créances internes et externes, certains frais de fonctionnement et des commissions sont effectués aussi en dollars américains. Une des solutions proposées par les économistes est de revoir les dispositions légales datant de 2001 qui autorisent le cours légal du dollar au même titre que le franc congolais. Cependant, une telle solution soulève le débat sur les effets que peut entraîner la désintermédiation (repli des banques d'investissement et des banques commerciales obligées de traiter leurs transactions uniquement en FC). Seront-elles prêtes à ignorer le dollar ? Est-il possible de se désintéresser d'une devise forte représentant ± 70 % des transactions financières dans le monde ? Peuvent-elles accepter de financer l'économie dans une monnaie qui perd la valeur ? Celles-ci, craignant les transactions en une monnaie nationale instable, peuvent, sans doute, réduire leurs activités, freiner les investissements, réduire également le volume des crédits et se désintéresser de la gestion des comptes non fiables.

En ce moment même, souligne le rapport du FMI : « les transactions de correspondance avec les banques associées à l'étranger représentent une part significative des activités des banques. Ces comptes de correspondant représentent plus de 25 % des avoirs des banques et plus de 98 % de l'activité du marché interbancaire. Ils permettent aux banques d'effectuer le règlement des transactions libellées en dollars, traduisant ainsi les efforts pour se couvrir contre les risques politiques locaux et les risques de règlement »[82]. Outre ces transactions, le commerce import/export ne peut exister sans usage du dollar. Il en est de même des transferts de revenu des facteurs vers l'extérieur. Est-il évident que l'on peut imiter l'exemple des membres de l'Union européenne, au sein de laquelle les achats sur le marché sont faits en euro ? Aux États-Unis aussi, les transactions s'effectuent en dollar. C'est loin d'y penser dans le contexte du Congo-Kinshasa.

Dans d'autres pays, notamment en Amérique latine, on note aussi la dollarisation, à un certain degré, de l'économie. Quatre pays ont le même ancrage (la Bolivie, le Paraguay, le Pérou et l'Uruguay). Mais ils ont enregistré une réduction progressive de leur dollarisation au cours des années 2000, grâce au respect de discipline monétaire stricte. García-Escribano et Sosa[83] estiment que la dédollarisation des dépôts et des crédits dans ces quatre pays a été facilitée par : le contrôle de l'inflation (faible et stable), l'appréciation du taux de change et de la gestion des réserves obligatoires par l'augmentation de l'écart entre les ratios de réserves obligatoires requises sur les dépôts en devises étrangères et les dépôts en monnaie nationale ; le développement des marchés de capitaux en monnaie locale aussi bien pour les titres publics que pour les obligations privées.

Ce train des mesures est aussi envisagé au Congo-Kinshasa. Mais la réussite en Amérique centrale ne peut pas être transposée. Le développement des marchés des capitaux en monnaie locale reste un rêve dans ce pays. L'imposition des réserves obligatoires en monnaie nationale échoue. Ce qui signifie que la réussite en

---

[82] Rapport FMI, 14/15, 2014.

[83] García-Escribano M., and Sosa S., "What is Driving Financial De-dollarization in Latin America?", *IMF Working Paper*, No 11/10, janvier 2011.

Amérique latine ne peut pas être transposée automatiquement ailleurs.

Le Congo-Kinshasa tente d'imposer : a) l'élimination du plafonnement administratif des taux d'intérêt, b) la réduction des taux élevés de réserves obligatoires non rémunérées sur les dépôts en monnaie nationale, c) l'adoption du ciblage de l'inflation et de régimes de change plus flexibles, d) le développement d'un marché pour les titres publics libellés en monnaie nationale, et e) l'accroissement de l'efficacité du système de paiement national. Si les résultats obtenus ailleurs sont satisfaisants, il n'en est pas le cas au Congo, ce depuis plus de deux ans. Pour répondre à la demande des membres de la FEC, désireux d'entretenir les activités en dollar, l'État, depuis fin novembre 2017, applique la dollarisation de la fiscalité minière. Il espère ainsi disposer des recettes de l'ordre de 50 % des transferts, taxes et impôts issus de l'activité minière en dollar américain. Et pourtant, Kala Lendele et Joseph Kamanda Kimona Mbinga[84] notent dans leur analyse qu'à court terme les chocs dus au taux d'inflation et de dépréciation anticipées ont un impact permanent sur la demande de monnaie domestique ; la volatilité du taux de change s'accroît avec le degré de dollarisation de l'économie ; la demande de monnaie domestique reste sensible aux variations de son coût d'opportunité ; l'élasticité de la demande au coût relatif d'opportunité devient plus importante lorsque la substitution monétaire est très forte ; l'élasticité élevée entraîne des surréactions du taux de change (Girton et Roper, 1981 ; Claassen et Martinez, 1994, 25-29).

[84] Kola Lendele, Joseph Kamanda Kimona-Mbinga, « Nature et spécificité de la dollarisation de l'économie congolaise (RDC) », in *Monde en Développement*, 2005/2, N° 130.

Finalement, la dédollarisation forcée en 2003 par le rachat des avoirs en devises, détenus par les résidents n'a, non plus, eu d'effets positifs. Celle envisagée par le gouvernement Matata Ponyo n'a pas produit, non plus, les résultats espérés. Ces échecs suggèrent finalement que le rétablissement de la confiance dans la monnaie nationale passe par la gestion saine des finances, par la création de la richesse, par la maîtrise de l'inflation, par la stabilité du système financier, de manière à intéresser les investisseurs, les épargnants et les consommateurs.

5. La non-maîtrise des flux internes des capitaux

L'adjudication est souvent la première mesure de l'autorité monétaire lorsque la dépréciation se manifeste. Il s'agit de rachat d'une quantité de francs congolais afin de réduire la masse en circulation et en créer la rareté. Un fait importe d'être souligné à cet effet. Cette politique nécessite de se rassurer avant toute chose de l'usage des fonds (devises) achetées par les banques de second rang, à chaque opération d'adjudication ; dans le cas contraire, l'opération ressemblerait à une facilité accordée aux banques de se prémunir contre les risques de manque de ressources nécessaires aux transferts des intérêts, des dividendes, et des revenus des facteurs vers l'extérieur. Nous l'avons déjà souligné plus haut. Par ailleurs, pour les besoins de réinvestissement à l'étranger, là où les taux d'intérêt élevés peuvent rapporter gros, les banques de second rang saisissent une telle occasion afin de replacer les devises en des lieux sûrs. C'est une pratique très courante.

Durant l'année 2016, la banque centrale a vendu les devises de l'ordre de ± 250 millions de dollars pour une réserve totale estimée à moins de 1,300 milliard. Au fur et à mesure, ces ressources se sont réduites à moins de 900 millions de dollars. Entre 2006 et 2009, lors de la crise de surprime, l'autonomie a atteint le fond de la casserole, soit 28 millions de dollars. Sans les interventions des institutions du FMI, le pays serait arrivé à la cessation totale des paiements. Donc, la banque centrale, tout en intervenant par la vente des devises (adjudication), n'a certainement pas l'idée des risques dus à l'affectation des avoirs vendus. Dans tous les cas, l'adjudication est fonction de capacités futures du pays à dégager un supplément de nouvelles ressources aussitôt qu'une partie est puisée dans les réserves de la banque centrale. Ce constat a été noté par les experts de la Banque mondiale qui, lors de leurs évaluations des risques visibles déjà au début des années 2015, faisaient remarquer que les IDE et les dons en capital, ainsi que les prêts, ont permis à la RDC de couvrir le déficit du compte courant, mais les réserves en devises de la BCC se sont toutefois tassées de 0,3 % du PIB, soit 100 millions de dollars américains. Par conséquent, le taux de couverture des importations par les réserves en devises a atteint 6,7 semaines en 2014, une baisse par rapport à la couverture de 7,1 semaines atteinte en 2013. Par ailleurs, la couverture des dépôts en devises étrangères n'était que de 57 %, en retrait par rapport au niveau de 65 % enregistré en 2013. Cela souligne un certain affaiblissement de la protection contre un risque d'une sortie de dépôts en devises étrangères[85]. Et cette assurance souhaitée se bute aujourd'hui à la déréglementation financière mondiale.

Les autorités monétaires dans les pays à faibles revenus ne peuvent à la longue recourir à cette surveillance des mouvements des capitaux. Le volume des flux brassés par jour ainsi que la vitesse de la circulation n'autorisent pas de s'adonner à un tel exercice. Ceci est le cas aussi bien durant la période de crise que durant celle de stabilité. Une étude réalisée pour le compte du Sénat français note que la

---

[85] Banque mondiale, *Rapport de suivi de la situation économique et financière*, 3e édition, 2015, p. 15.

déréglementation et l'abaissement des coûts de transaction ont considérablement facilité la mobilité des capitaux et ont conduit à un décloisonnement et à une intégration de l'ensemble des marchés financiers mondiaux. Les masses de capitaux échangées chaque jour sur les marchés financiers sont désormais largement supérieures aux capacités d'intervention des États. Par conséquent, tout gouvernement peut se retrouver l'otage des marchés, dès lors que sa politique est perçue négativement par ceux-ci. Les banques de second rang installées au Congo participent à cette logique. Elles sont des filiales des banques étrangères. Elles répondent à une double règlementation, celles des maisons mères et celle de l'État d'accueil. Tout compte fait, elles finissent par obéir aux ordres de leurs centres de commandement régional ou mondial. Le but est de partager les risques dus à des participations sur différents marchés dans un climat de l'asymétrie de l'information.

Comme le signifie Claudia Senik-Leygonie, la liberté des mouvements des capitaux améliore l'allocation des ressources, en l'occurrence des risques et de l'épargne. D'une part quand les capitaux sont mobiles, ils s'orientent normalement vers les meilleurs projets qui trouvent ainsi un financement. Ce qui est avantageux pour tout le monde. D'autre part, précise-t-il, un titre financier est un échange de liquidités disponibles aujourd'hui contre des liquidités disponibles demain. Comme le futur est synonyme d'incertitude, il s'agit d'un échange de risques. Les flux de capitaux permettent donc une assurance et une mutualisation des risques. Soulignons également la théorie des attentes qui veut signifier que si les unités économiques s'attendent à l'appréciation de la monnaie, ce qui signifie que le prix de la monnaie augmente, ils vont accroître leur demande de monnaie. L'achat de la monnaie appréciée va alors entraîner la hausse attendue du prix de la monnaie. Le taux de change courant va alors être le taux attendu.

L'information sur le développement futur des déterminants (offre et demande) influence le taux courant.

6. L'évasion fiscale

Stopper la fuite des capitaux vers l'extérieur est devenu un slogan à répétition. Les scientifiques et les politiques n'ont cessé de dénoncer ce fléau. Ces fonds puisés sur les réserves nationales prennent la direction des paradis fiscaux, avec la bénédiction des responsables politiques. « Panama Papers ou Paradis Papers » épinglent avec accent les montages financiers qui permettent aux bénéficiaires d'échapper au fisc. Il y a une année, nous avons souligné dans notre ouvrage : *La problématique de l'émergence des économies africaines*, que la perte des millions de dollars est énorme en Afrique. À titre d'exemple, l'Afrique du Sud, le Ghana, le Malawi, la République démocratique du Congo, la Sierra Leone, la Tanzanie et la Zambie, pour ne citer que ces cas, perdent chaque année des milliards de revenus à cause, non seulement de l'évasion fiscale, mais aussi des arrangements douteux entre les firmes et les responsables politiques[86]. Vitraulle Mboungou fait état de pillage des mines du cuivre en Zambie, de l'uranium au Niger et de l'or au Burkina Faso par des firmes géantes dont trois d'entre elles sont sud-africaines (Anglo Gold Ashanti, Impala Platinum et Gold Fields). Glencore, First Quantum Minerals, Lamgold corporation et Areva participent à ce festin. Ces multinationales paient de faibles pourcentages de royalties et contrôlent pratiquement les revenus des exploitations minières dans ces pays[87].

---

[86] www.Afrik.com, mars 2009.

[87] Vitraulle Mboungou, « Multinationales vs États : hold-up des compagnies en Afrique », in *Afrique Expansion*, février 2011.

Le cas de la République démocratique du Congo n'est plus à redire. Depuis les guerres qui sévissent à l'Est du pays, des rapports notent combien les multinationales pillent les richesses de ce pays. Keith Harmon Snow et David Barouski démontrent dans leur étude que « les multinationales occidentales procèdent à l'extraction sans précédent des minerais au Congo ; et il est estimé que des tonnes et des tonnes de cobalt d'une valeur de 6 millions de dollars par jour – rien que le cobalt – sortent du Congo par jour ». Même dans des zones contrôlées par le pouvoir durant les rébellions, les contrats miniers signés ont été dénoncés par les organisations non gouvernementales et les parlementaires durant plus de 15 ans, réclamant leur révision. C'est seulement cette année (2018) que le nouveau Code minier a été promulgué. Certes, il y a eu révision du quelques contrats, mais, au fond, le décor reste le même. En ce qui concerne la production pétrolière, Agnès Rousseaux, citant Bastamag, fait aussi remarquer que « les dix principales multinationales du secteur possèdent 6 038 filiales, dont plus d'un tiers sont basées dans des paradis fiscaux. Dix entreprises, telles : ExxonMobil, Chevron, Shell, BP, Rio Tinto ou Glencore, ont généré en 2010 un chiffre d'affaires de 1 824 milliards de dollars dont 144 milliards de dollars de profit, tout en pratiquant une "optimisation fiscale" qui leur a permis de payer beaucoup moins d'impôt ». Certains experts n'hésitent pas de croire que la fuite des capitaux de l'Afrique vers l'Occident représente plus ou moins 50 milliards de dollars par an. Les autres auteurs avancent le chiffre de plus de 100 milliards. L'érosion est plus importante que la somme annuelle de l'aide publique reçue.

Sur une période de 39 ans, cette fuite a augmenté de 12 %, sous diverses formes : prix de cession, corruption, baisse de contrôle de change, transferts unilatéraux des bénéfices, non-déclaration des revenus au fisc, etc. Les pays les plus affectés par cette fuite sont, entre autres, ceux qui ont des économies plus ou moins émergentes et qui affichent les taux de croissance positifs et durables, mais aussi les pays plus pauvres dépendant étroitement des exportations des minerais. Il s'agit, notamment de l'Angola, de l'Afrique du Sud, du Cameroun, de la Côte d'Ivoire, de l'Éthiopie, du Gabon, du Ghana, de Madagascar, de Mozambique, du Nigeria, de la République du Congo, du Soudan, de la Tanzanie, de la Zambie et du Zimbabwe.

L'adhésion à l'Initiative pour la transparence dans les industries extractives (ITIE) depuis sa création en 2002 n'a pas solutionné la question de pillage et de détournement des ressources issues de cette industrie, en dépit de mesure de suspension de certains pays, comme la République démocratique du Congo, durant plus d'une année. L'ONG Global Financial Integrity fournit quelques chiffres effrayants de cette fraude : Nigeria : 14,2 milliards de dollars de fuites annuelles moyennes, Afrique du Sud : 10,1 milliards de dollars, Égypte : 3,6 milliards, Soudan : 2,6 milliards, Côte d'Ivoire : 2,3 milliards, Éthiopie : 2 milliards, Zambie : 1,9 milliard, Togo : 1,8 milliard, Algérie : 1,5 milliard. Et le rapport Kofi Annan estime aussi que la RDC perd chaque année plus de 1 milliard de dollars. Au total, les transferts des ressources hors l'Afrique sont estimés entre 597 milliards et 1 400 milliards de dollars durant la période allant de 1980 à 2009. Les flux financiers illicites et non enregistrés ont été aussi de l'ordre de 1 220 à 1 350 milliards de dollars entre 1980 et 2009, éclipsant les transactions financières enregistrées, selon le rapport de la banque africaine de développement de 2013. Le tableau ci-dessous indique la part que cette fuite représente en dollars américains.

Tableau 12 : Fuite des capitaux en Afrique

(moyenne annuelle)

Pays	Montant en $	Rang mondial
Nigéria	14,2	10è
Afrique du Sud	10,1	13è
Egypte	3,6	26è
Soudan	2,6	30è
Côte d'Ivoire	2,3	37è
Ethiopie	2	39è
Zambie	1,9	41è
Togo	1,8	42è
Algérie	1,5	50è
République Démocratique du Congo	1,5	52è

Source : Global Financial Integrity, décembre 2013

Ce pillage ne permet pas d'atteindre un certain nombre d'objectifs budgétaires. Les prévisions des recettes ne peuvent être réalisées. À ce titre, l'exécution des dépenses ne dépasse pas dans l'ensemble 40 % des prévisions dans plusieurs pays, notamment au Congo-Kinshasa où le taux d'exécution de 2017 était de 37 % seulement. En 2018, les prévisions des dividendes dans le secteur minier sont estimées à 7 milliards de dollars contre 4,4 milliards de prévisions budgétaires du pays.

Tableau 13 : L'exécution budgétaire de la RDC Novembre 2017

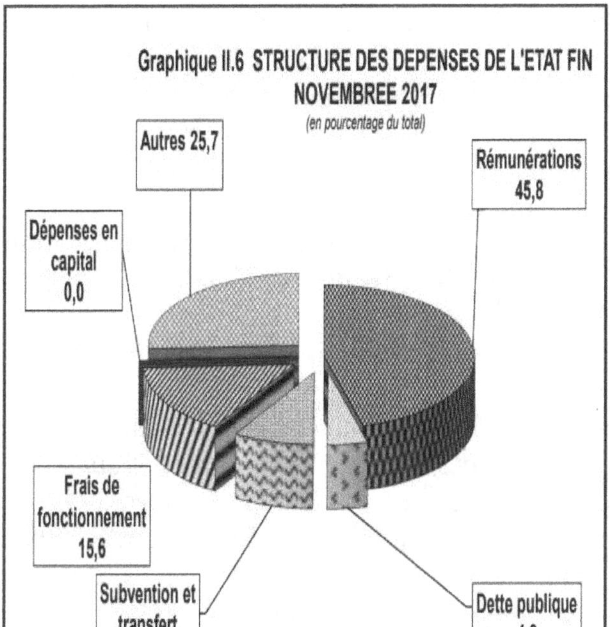

Source : Tableau II.1 bis.

Source : Zom-eco.net, 2017.

À défaut de la rigueur budgétaire, la priorité en cas de dérapage est accordée à des dépenses de fonctionnement (Présidence, Primature, Assemblée nationale, Armée, rémunération du personnel de la Fonction publique). Les secteurs prioritaires sont ignorés totalement : santé, éducation, agriculture, investissement, infrastructure, appui à l'industrie. Dès lors, le discours politique relatif aux plans de développement (Cinq chantiers) devient un slogan creux. Loin de tirer l'économie de son sommeil, la politique économique cesse de jouer le rôle de relance et de stabilisation. Deux analystes[88] le démontrent dans leur étude sur la corrélation entre dépenses publiques et croissance. Ils notent que les besoins en devises accroissent les risques d'endettement, le lendemain de la réduction de la dette publique du Congo. Ils soulignent les prêts du FMI, de la BAD, de la BM et même de la Chine. Bref, l'évasion fiscale au Congo-Kinshasa creuse un gap profond dans les prévisions de l'État. La nécessité d'exécuter un certain nombre d'obligations impose le recours au financement extérieur. Ceci implique le remboursement futur et son impact sur les objectifs de croissance.

7. Le difficile rapatriement des recettes d'exportation

Les théories attribuent à la globalisation financière un bon nombre d'avantages, notamment l'augmentation de l'épargne intérieure, la réduction du coût du capital, le transfert de technologie des pays avancés aux pays en développement, le développement des secteurs financiers intérieurs ainsi que la spécialisation de la production grâce à une meilleure gestion des risques, l'amélioration des

---

[88] Gastonfils Lonzo Lubu and Desiré Avom, *Non linear effect of spending on economic growth in Dr Congo*, University of Kinshasa, University of Yaoundé II/Soa, 17 December 2014.

politiques et des institutions macroéconomiques induite par les pressions concurrentielles : « l'effet de discipline » de la mondialisation[89]. Parmi les mesures mises en route en vue de compenser la chute de la monnaie nationale et attirer les flux vers l'économie, le pouvoir exige le rapatriement de 40 % des recettes d'exportation. On peut imaginer les effets positifs lorsque les flux locaux faibles sont solidement complétés par les flux qui entrent, et que la capacité d'absorption de l'économie capte ces avantages. Si le gouvernement insiste sur ce rapatriement des 40 %, il est supposé que les exportateurs rechignent de temps en temps et violent les dispositions du code des investissements relatives au rapatriement des capitaux issus des échanges. Bien au contraire, ils préfèrent épargner leurs avoirs et effectuer davantage les transferts des dividendes et autres revenus des facteurs, principalement en période de crise vers les lieux refuges.

Durant toute cette période de crise, le gouvernement tente de convaincre ces exportateurs. En fait, leur hésitation peut être comprise ; elle s'inscrit dans la logique même du capitalisme, une attitude justifiée par le comportement des multinationales et des filiales. Il y a eu au cours des 15 dernières années, un flux des capitaux orientés davantage vers les secteurs porteurs, à savoir : les mines, les travaux publics et les télécommunications. Si pour les deux derniers secteurs, il s'agit des réponses à la demande nationale, il n'en est pas le cas pour le premier dont les investissements sont verticaux. Il s'agit des industries qui tirent les ressources locales destinées à l'exportation. Dès lors, les gains dépendent aussi du comportement des marchés

[89] Eswar Prasad, Kenneth Rogoff, Shang-Jin Wei et M. Ayhan Kose, « Effets de la mondialisation financière sur les pays en développement : Quelques constatations empiriques », in www.nber.org/~wei/data/prwk2003

étrangers. Dans une situation d'incertitude (crise de la demande mondiale des matières premières), ces investissements rapportent peu de gains. Les industriels craignent en même temps de prendre le risque. Nous avons évoqué le cas de l'évasion fiscale et de la fuite des capitaux en Afrique et au Congo-Kinshasa, plus haut. Les entreprises peuvent, dans ce cas, mettre à l'abri les gains ou les affecter à d'autres secteurs rentables, au lieu de rapatrier 40 % des recettes vers Kinshasa. C'est le lendemain de la crise (période favorable) que ces flux mis à l'abri peuvent être réinvestis pour les besoins de restructuration ou d'extension des activités. Durant la crise, les gains sont généralement épargnés ailleurs. Il y a ainsi une contradiction entre les besoins du pays d'accueil (renflouer le marché national en devises étrangères) et ceux de l'entreprise étrangère (protéger les gains). Or, tout espoir porte sur cette éventualité qui est pourtant hypothétique. Peut-on arriver à un bras de fer et procéder à des menaces contre les investisseurs récalcitrants ?

La règle de 3D (déréglementation, décloisonnement et désintermédiation) ne l'autorise plus aujourd'hui. Les flux sont volatiles et aucun pays, à cause de cette volatilité, n'est pas en mesure d'imposer ses propres règles pour réguler les mouvements des capitaux, lesquels répondent plutôt à la logique de la globalisation financière. Rapatrier 40 % des recettes à chaque transaction des exportations des minerais, du bois et du cacao et du café est un pari hypothétique. Il est noté d'ailleurs que 80 % des exportations du café, ces dernières années, sont par fraude.

Quand bien même, il y a résistance, les industriels miniers avouent avoir respecté cette obligation. En effet, sur un total de 3 620 102 681,46 dollars des recettes d'exportations minières soumises à cette clause, 1 808 919 385,71 auraient été rapatriés et injectés dans l'économie pour la période allant de janvier à juillet 2017, d'après les statistiques. Ce montant correspondrait à 49,97 % des recettes d'exportations réalisées, affirment-ils. Ce qui serait supérieur aux 1 448 041 072,58 dollars des recettes attendues. Les entreprises minières auraient donc rapatrié une valeur excédante (9,95 %) la valeur prévue. Le rapport de Fédération des entreprises du Congo indique aussi que 46 % des entreprises minières ont rapatrié un montant au-delà du taux consigné dans le Code minier. Mais comme nous avons dit plus haut, quelle est la capacité d'absorption de ces capitaux ? Comment les industries locales bénéficient-elles de ces flux ? Comment favorisent-ils la consommation et la production locale ? Le taux des crédits permet-il l'effet multiplicateur dans l'économie nationale ?

N'oublions pas que le Congo-Kinshasa est parmi les pays africains dont le taux de pression fiscale est le plus faible[90]. Donc, les recettes rapatriées serviraient avant tout à financer les investissements des filiales qui ont recours à leurs épargnes propres. Même si l'impact peut être positif sur le taux de change, comme c'est d'ailleurs le cas, il s'agit d'une embellie passagère. L'effet d'hystérèse étant persistant.

8. L'impact de la fraude douanière

Les importations et les exportations constituent une source des recettes en devises (taxes douanières). Le pays qui dispose de services organisés et qui entend maximiser ces recettes lutte contre la fraude douanière. Cependant, il n'en est pas le cas au Congo-Kinshasa. En dépit des

---

[90] Rapport de la FEC.

contrôles réguliers, les postes frontaliers étant perméables, ils laissent passer des tonnes de marchandises par fraude. On note ce fléau d'une grande ampleur aussi bien à l'Est du pays qu'au Sud et à l'Ouest. Des chiffres diffèrent, mais ils signifient l'ampleur de fait : des milliards de dollars échappent au fisc. Luzola Bambi (Conseiller spécial chargé de lutte contre la fraude) les estime à 15 milliards. D'autres rapports les chiffrent à moins de 15 milliards, largement au-dessus des prévisions budgétaires du pays. Ce qui signifie que la maîtrise de ces flux rehausserait tout de même les prévisions des recettes annuelles du pays. En dépit du guichet unique qui a été instauré, les agents commis aux frontières (DGDA, DGM, ANR, ex-ONATRA) semblent peu soucieux du manque à gagner. Plus d'une fois, le ministre des Finances procède à des missions d'inspection qui n'ont, malheureusement, pas eu les effets escomptés. Des charrois automobiles pleins des minerais et autres produits (bois, café, thé, pointe d'ivoire) traversent les frontières à destination de l'extérieur. Parfois, le gouvernement congolais est alerté par les pays voisins (Zambie, Tanzanie, Afrique du Sud) qui assistent au passage de ces convois sans aucun document. Plusieurs rapports publiés par les experts internationaux dévoilent l'implication des responsables politiques dans cette fraude. Le ministre en charge des mines reconnaît les faits, promet de mettre en place des mesures efficaces de contrôle ; mais les promesses restent vagues depuis.

Pour la période allant de 2008 à 2013, un rapport d'audit a identifié un manque à gagner de 3 milliards de dollars au détriment de l'État et à charge de 252 entreprises. À Mahagi, à Lufu, à Luozi, le constat est le même. Les missions effectuées n'arrivent pas à stopper la fraude. À Matadi, en 2012, 22 inspecteurs et 45 contrôleurs de la DGDA ont été suspendus de leur fonction pour cause de contre-performance et de mauvaise gestion dans l'exercice de tâche. L'ouverture du guichet unique et l'installation d'un logiciel pour le traitement des dossiers n'apportent pas de solution. Déjà au début de l'année 2018, un rapport indique que la MCSC (Mining Contracting Service Congo) devait à la Direction générale des douanes et accises (DGDA), une somme de 48 millions de dollars américains qui demeure impayée. Des engins sont importés frauduleusement pour l'exploitation des carrières minières. Le gouverneur du Haut Katanga, en août 2017, dénonçait également les agents commis à la frontière de Kasumbalesa, de trafic d'influence, de l'application des tarifications excessives des marchandises, de l'instauration des taxes hors guichet unique, de manque de surveillance aux frontières et de non-encadrement de petits commerçants locaux.

9. L'importante croissance de cambisme de rue

Lorsque le décret-loi 004/2001 du 31 janvier 2001 autorisant le cours légal du dollar sur le territoire national a été promulgué, il était décidé de professionnaliser le métier des cambistes. Ils devaient disposer, chacun, d'un bureau, d'un registre et être reconnus par la banque centrale. Tout récemment encore, la crise de change de 2015 a réveillé les responsables politiques. Ils ont obligé aux cambistes de rue de disposer de bureaux de change enregistrés et de ne pas exposer des milliers de billets de banque à même le sol, devant les portes des boutiques ou sur les tablettes, en pleine journée. Ils étaient également obligés de ne pas afficher publiquement les taux au risque de créer la panique et l'effet de spéculation. Toutes ces mesures ont échoué.

Sur chaque rue des centres commerciaux et même dans certaines zones d'habitation, il y a au moins un cambiste assis sur son tabouret, guettant les acheteurs du dollar. Au cœur de la ville de Kinshasa, le spectacle est enchanteur. L'argent s'échange, à tout bout de champ, devant les badauds, sous le soleil ou la lumière des bougies. Les hommes d'affaires, les responsables politiques, les ménages défilent tous, devant ces cambistes pour se procurer le dollar. Il arrive quelquefois que les banques conseillent aux clients d'aller vers ces cambistes qui brassent chaque jour des milliers de dollars devant les portes des magasins. D'où s'approvisionnent-ils ? Les devises transférées par la diaspora sont sur le marché informel. Ces envois effectués par la diaspora au profit des familles dépassent les aides publiques au développement dans beaucoup de pays africains. En 2011, le FMI les évaluait à 30 milliards de dollars. Les hommes d'affaires, par mesure de prudence, préfèrent également disposer de leurs épargnes à domicile. Il en est de même de ménages. Les touristes échangent également leurs avoirs sur le marché parallèle. Durant les périodes de crise de change, les paiements rapides en devise étrangère nécessitent de disposer de la liquidité. C'est le cas des frais des voyages à l'étranger. Les expatriés qui résident au Congo disposent également de la liquidité en monnaie étrangère, utile pour leurs différentes opérations. Ils conservent ainsi leur pouvoir d'achat au regard de la chute du franc congolais. Nous avons également souligné le fait que le pays ne dispose pas de banques au fin fond des territoires, il est naturel que les ménages avisés se munissent des devises utiles pour leurs dépenses futures. La professionnalisation du métier ne peut réussir que dans le cas où la confiance au franc congolais renaît et qu'elle assure son rôle naturel de réserve et de paiement. Dans le cas contraire, les marchés pirates vont encore connaître leurs meilleurs jours au Congo-Kinshasa. Ce marché parallèle, loin d'aider à la stabilisation du taux du FC, il s'aligne sur le taux interbancaire et fixe parfois son propre taux au-dessus du taux officiel. Autrement dit, l'abondance du dollar sur ce marché parallèle, autorisé par le degré du 31 janvier 2001, ne permet pas de calmer les tensions sur le marché officiel, elle (abondance) les accentue, avec spéculation.

CHAPITRE 6

QUEL NOUVEAU CHOIX DU RÉGIME DE CHANGE ?

Dans ce chapitre, nous passons en revue les différents régimes de change appliqués dans le monde, nous diagnostiquons les avantages et les limites en ce qui concerne des économies structurellement enclines à des chocs exogènes, tel le cas de l'économie congolaise. Le but est de démontrer que le régime en soi n'est pas la cause de la chute du taux d'une monnaie, mais plutôt les politiques économiques ainsi que la santé de la monnaie elle-même, exprimée par celle de l'économie du pays.

1. Le retour au régime de change fixe ou intermédiaire

Actuellement, le franc congolais flotte par rapport aux devises étrangères. Nous l'avons dit plus haut, un débat oppose des auteurs sur les avantages et les inconvénients du taux de change fixe ou flottant, ainsi que l'impact sur la croissance. Kindelberger et Friedman ont soutenu, l'un le taux fixe, et l'autre le taux flottant. Tandis que trois auteurs, à savoir : J.-P. Allegret, M. Ayadi et L. Haouaoui Khouni, ayant réalisé une étude sur un échantillon de 43 pays en développement, tirent la conclusion selon laquelle les régimes intermédiaires seraient les mieux adaptés aux pays en développement et émergents. C'est aussi l'avis de Mouhamadou Bamba Diop et Alsim Fall, l'avis tiré à partir de leur étude sur la problématique du choix de régime de change dans les pays de la CEDEAO[91]. Boyer (1978) estime en revanche que « la variance et la covariance des

[91] Document d'études N° 12, ministère de l'Économie et des Finances, Sénégal, 2011.

divers chocs survenant sur l'économie sont déterminantes dans la décision du choix du régime de change. Pour une petite économie ouverte soumise à trois types de chocs : internes (réels ou monétaires) et externes, la localisation du choc importe peu, seul l'aspect monétaire ou réel influence le choix du régime de change. Ainsi, pense-t-il, si les chocs sont purement monétaires, le régime de change fixe est optimal grâce à une intervention sur le marché des changes ; et si les chocs sont réels, le régime de change flexible est préconisé. En présence des deux types de chocs, le flottement géré est préférable »[92].

Pour Friedman, le système de change flottant supprime la spéculation. Car le changement brutal de parité par la manipulation de politique monétaire a un impact sur l'épargne, le coût de production, le niveau des prix et la compétitivité. Le régime de change flottant autorise le rééquilibrage de l'offre et de la demande des devises. L'allocation des ressources devient optimale. Ce système de change flottant pur permet aussi l'équilibre de la balance courante. Le déficit de celle-ci traduit la dépréciation de la monnaie. Et par le mécanisme de parité de taux d'intérêt, on peut réduire ce déficit par l'entrée nette des capitaux qui ramène la balance à l'équilibre. Pour les monétaristes, le déficit de la balance courante étant dû au différentiel entre épargne et absorption, l'attrait des capitaux frais est provoqué par le relèvement des taux d'intérêt.

Par ailleurs, la dépréciation de la monnaie améliore la compétitivité/prix à l'exportation. Il s'agit là des ajustements automatiques. Nous l'avons dit plus haut que ces ajustements ne s'opèrent pas dans les cas des économies pauvres et dépendantes. Nombreux auteurs dont nous

---

[92] Chaker Aloui, Haïthem Sassi, « Régime de change et croissance économique : une investigation empirique », in *Économie Internationale*, 2005/4, no 104 | pages 97 à 134.

résumons le fond ont soutenu trois remarques importantes contre cette thèse de Friedman. Ils soutiennent que :
a) la spéculation n'a jamais été aussi forte que depuis le système de change flottant mis en place en 1973 : en témoignent les multiples crises financières qui se sont produites dans le monde ;
b) les déséquilibres de la balance courante sont devenus vertigineux ; on peut se référer à la guerre commerciale entre l'Union européenne et la Chine, entre la Chine et les États-Unis, entre les États-Unis et le Canada ;
c) les États n'ont jamais abandonné leur politique monétaire en dépit des taux flottants appliqués ; on assiste même dans une certaine mesure à une guerre des changes selon Montega.

Kindelberger, favorable, par ailleurs, au régime de change fixe, estime que le régime de change flottant freine le développement des transactions internationales. Il augmente l'incertitude et fait monter les coûts de transactions. La manipulation des taux d'intérêt peut se traduire par la hausse des coûts, avec risque inflationniste. Nous pouvons compléter ce raisonnement en nous situant dans le cadre d'économie nationale, même si elle est peu ouverte. L'inflation, le coût de production, la réduction de la consommation, la baisse des réserves, la perte de confiance et les anticipations spéculatives détruisent le tissu économique. Nous avons eu l'occasion de le souligner. Cette destruction est inévitable lorsque le flottement pur ou impur se traduit en crise de change, comme c'est le cas du franc congolais.

Mais les critiques sont aussi portées contre l'avis de Kindelberger. Le commerce international se développe vite alors que le régime de change actuel est davantage flottant. La maîtrise de l'inflation est devenue une des préoccupations des politiques monétaires des États. Nombreux pays industrialisés arrivent à atteindre leurs objectifs de maîtrise de l'inflation. La compétitivité prix se réalise sur le marché mondial, dans le contexte de maintien des régimes fixes et flottants, selon les pays. Ainsi, depuis la fin du système de Bretton Woods et l'adoption libre des régimes, on assiste à deux régimes avec des sous-composantes :

1.1. Le régime fixe

La parité est fixée par rapport à une devise, par rapport à un panier, mais avec des marges de fluctuation ; ou encore une fixité avec glissement en cascade. Cette parité est arbitraire et autoritaire. Elle peut être soutenue artificiellement en dépit de formation d'un taux parallèle. Actuellement, les pays à taux de change fixe en Afrique sont : Cap-Vert, Comores, Érythrée, Lesotho, Namibie, São Tomé-et-Príncipe, Soudan du Sud et Swaziland. Dans les unions monétaires, le taux fixé est irrévocable, sauf consensus des membres. L'union peut conduire à la monnaie commune, comme c'est le cas de l'euro. Dès lors, le régime sera déterminé par les membres. La caisse d'émission est aussi un régime fixe conclu entre deux pays. La conversion dans une devise est fixe. Les interventions de la banque centrale disparaissent, notamment le contrôle et le rôle de préteur en dernier ressort. Il est alors autorisé une double circulation monétaire, celle de la caisse d'émission et celle de la monnaie nationale. Au Congo-Kinshasa, il n'existe pas l'accord relatif à la caisse d'émission. Cependant, depuis 2001, le franc congolais et le dollar ont cours légal. Notons cependant qu'au Congo-Kinshasa, cette double circulation est autorisée dans un régime de change flottant. Il n'existe pas d'accord de provision en devise (dollar) entre le Congo et la Réserve fédérale américaine. C'est donc un régime spécial.

Une étude du FMI conclut qu'un pays peut aisément opter pour un régime de change fixe, lorsque[93] : « il intervient peu sur les marchés financiers internationaux ; il commerce beaucoup avec le pays émetteur de la monnaie d'ancrage ; il subit des chocs économiques semblables à ceux que doit affronter le pays émetteur de la monnaie d'ancrage ; il est disposé à troquer son autonomie en matière de politique monétaire contre la crédibilité dont jouit son partenaire sur ce front ; son économie et son système financier sont liés étroitement à la monnaie de son partenaire »[94].

L'économie du Congo-Kinshasa ne répond pas à ces critères. Sa monnaie se trouve dans la zone dollar. Ses échanges convergent de plus en plus vers les pays émergents : Chine, Turquie, Afrique du Sud. Il n'est pas disposé à troquer l'autonomie de sa politique monétaire. Sa politique budgétaire n'est pas autonome, elle est soumise à des contraintes, le taux moyen de son exécution, durant des années, est en dessous de 40 % des prévisions. Ses réserves internationales sont très modestes. L'autonomie des paiements extérieurs n'a jamais atteint le niveau standard des 3 mois. Ses chocs ne sont pas comparables aux chocs endogènes subis par le dollar américain. Ses réserves sont en dessous du niveau standard. L'arrimage actuel répond plus au besoin des transactions dictées par les firmes multinationales et l'importation des biens et services.

---

[93] FMI, « Les régimes de change dans une économie de plus en plus intégrée », in https://www.imf.org/ 2000.

[94] Anouam Moire, « Les déterminants du régime de change », Qatar University, https://www.imf.org/extenal/np/exr/ib/2000/fra/062600f.htmhttps://www.imf.org/external/np/exr/ib/2000/fra/062600f.htm

1.2. Le régime flottant pur et impur

Le flottement pur est adopté par nombreux pays, notamment les États-Unis, le Canada, l'Australie, la Nouvelle-Zélande, le Japon, la Suisse, le Royaume-Uni ou les pays émergents comme le Brésil, le Chili ou la Pologne. Le flottement impur ou administré est un régime de flottement géré. Le taux de change flotte, mais des interventions ponctuelles ou coordonnées des Banques centrales informent les marchés sur la parité considérée souhaitable. Le Congo-Kinshasa adopte le flottement avec nuance, moyennant des interventions de la banque centrale dans les cas de crise de change ou dans les cas des mesures prudentielles, lorsque les signaux des crises sont imminents. Mais nous avons souligné qu'en dépit des politiques monétaires et budgétaires appliquées, l'accalmie n'est souvent que temporaire, liée au comportement des déclencheurs externes : prix des matières premières, inflation importée, détérioration des termes de l'échange, contagion externe. Tandis que nombreux pays émergents ont opté pour le flottement impur au cours des années 1990 et 2000, tels : l'Argentine, l'Uruguay, la Roumanie, la République tchèque, la Croatie ou encore la Russie et Singapour.

1.3. Les régimes intermédiaires

Ils constituent des arrangements autorisés par la banque centrale autour de la parité de référence et selon la fréquence des réalignements de cette parité. Il s'agit du taux de zone cible. On a ainsi :

1.3.1. La parité glissante

C'est un taux de change fixé périodiquement, par petites incrémentations, soit à taux fixe, soit en réponse aux changements de certaines variables indicatrices, comme le différentiel d'inflation passée par rapport aux principaux partenaires commerciaux. Ce système est connu sous le nom de « glissement passif ou adaptatif ». Difficile de l'appliquer dans le contexte de l'économie congolaise. Le différentiel d'inflation par rapport aux principaux partenaires commerciaux doit être calculé régulièrement. Dans les pays où ce taux d'inflation est maîtrisé sur une longue période, ce régime s'appliquerait aisément. Mais dans les pays où l'inflation n'est pas la cause première de détérioration du taux de change, cette approche est inutile.

1.3.2. Le glissement actif ou pré annoncé

Le glissement permet d'annoncer le taux de dévaluation à l'avance pour plusieurs mois. Dans les pays d'Amérique latine, au cours des années 1970 et 1980, ce régime a été adopté afin d'enrayer leur inflation galopante. C'est qui est inapplicable au Congo-Kinshasa. Une telle annonce peut produire par anticipation l'escalade de l'inflation, la crainte de la perte de l'épargne et le recours à des mesures de précaution. Ce qui peut conduire à une forte dépréciation, en l'absence des concertations entre l'autorité monétaire, les banques de second rang, les industriels et les ménages. L'annonce va donc produire l'effet boule de neige.

1.3.3. Le régime de zone cible à bandes glissantes

Ce régime consiste à maintenir le taux dans une bande de fluctuations autour d'une parité centrale glissante (régime de taux de change de la zone cible). Peut-être, est-ce possible pour le cas du Congo-Kinshasa ? Mais compte tenu de la tendance linéaire de la dépréciation (effet d'hystérèse) évoquée plus haut, comment éviter les risques de sortie de cette zone cible ? Comment la définir, avec quelles marges possibles ? Les déséquilibres cycliques des autres fondamentaux (inflation, termes de l'échange, solde extérieur, déficit courant), ne vont-ils pas pousser à l'abandon d'un tel régime ?

2. Monnaie commune ou l'Union monétaire

Outre les régimes énumérés ci-haut, l'union monétaire en est un autre. Elle conduit à la création d'une monnaie commune dans une zone. Le FCFA et l'euro en sont deux exemples. L'union a cependant des exigences. Chaque pays candidat est soumis à des règles strictes de convergence, notamment : le contrôle de la masse monétaire, le contrôle des prix, le contrôle des taux d'intérêt, la limitation des déficits budgétaires, la supervision des déséquilibres des balances des paiements ayant un impact sur la santé de chaque économie et la fixation d'un couloir (seuil horizontal de glissement administré). Ces critères de convergence conduisent à une monnaie commune ; mais ils ne sont pas faciles à atteindre dans nombreux cas. L'avantage pour les membres est de constituer une batterie des règles disciplinaires qui permettent d'avoir confiance en la nouvelle monnaie, commune à tous les membres. Dans le cas où la zone est constituée de plusieurs monnaies, elles doivent être convertibles entre elles. Yaya Seydou Camara, dans son étude sur les régimes de change et les performances économiques en Afrique subsaharienne, conclut que « les pays hors zone CFA, appliquant le régime de change flexible, ont connu un impact négatif moindre sur le taux de croissance comparativement aux pays hors zone CFA appliquant le régime de change fixe »[95]. Il précise en outre que : « Toutefois, en pratique, il n'existe pas de différence entre les performances du groupe CEMAC et celles du groupe UEMOA. Ces résultats, affirme l'auteur, permettent de tirer la conclusion que ce sont les pays en difficultés économiques qui ont le plus souvent recours aux changes fixes. Les autorités politiques en Afrique subsaharienne font recours aux changes fixes lorsque leur gestion économique est inefficace et qu'elles n'ont aucune autre solution économique pour y remédier »[96].

Le Congo-Kinshasa n'est pas dans une union monétaire à ce jour ; son économie est loin de réunir les critères de convergence dans le cas où la possibilité de disposer d'une monnaie commune se présente. Notons par ailleurs que les unions monétaires africaines annoncées dans les accords d'intégration sont de façade depuis 1963. Les monnaies ne sont pas convertibles à l'échange, sauf dans le cas de petit commerce transfrontalier. Les limites horizontales de glissement ne peuvent être respectées. La discipline budgétaire (déficit de 3 % du PIB) est un rêve pour nombreux pays africains ; certains enregistrent des déficits à deux chiffres. Ce non-respect des critères conduirait facilement les membres à la sortie de l'union. À l'époque de l'ECU, avant l'actuelle monnaie commune de l'Union européenne, les membres ont abandonné le régime à cause de la rigidité des règles qu'ils se sont imposées. Aujourd'hui, encore, les menaces pèsent sur le maintien de certains pays dans la zone euro. La crise de la zone euro a laissé des traces en Grèce, en Espagne, en Irlande, etc.

---

[95] Yaya Seydou Camara, « Régimes de change et performances économiques en Afrique subsaharienne », Thèse de doctorat, en économie, Université de Nice, 2014.

[96] *Idem*.

Tableau 14 : Les principaux régimes de change appliqués dans le monde

Régimes de change		Pays industrialisés	Pays émergents
Régime fixe	Union Monétaire		CFA franc zone Union monétaire la Caraïbe orientale
	Currency board		Estonie, Lituanie, Bulgarie Bosnie et Herzégovine Hong Kong, Brunei,
	Régimes fixes		Bélarus, Chine, Lettonie, Macédoine, Ukraine, Vénézuela, Vietnam
	Régimes fixes à bandes horizontales	Danemark	Hongrie, Slovaquie, Slovénie
Régime intermédiaire	Crawling peg		Costa Rica, Iran, Nicaragua, Azerbaijan
	Flottement géré		Algérie, Argentine, Colombie, Croatie, Malaisie, Moldavie, Nigeria, Pérou, Roumanie, Russie, Serbie, Singapour, Thailand, Uruguay
Régime flottant		Australie, Canada, Etats-Unis, Japon, Nouvelle Zélande, Zone euro, Suisse, Royaume Uni, Suède, Norvège	Albanie, Brésil, Chili, Mexique, Pologne, Afrique du Sud, Phillipines, Turquie

Source : De Facto Classification of Exchange Rates Regimes and Monetary Policy Framework, décembre 2006, Fond Monétaire International

Les statistiques du FMI, réalisées en 2007, confirment les données ci-dessus. Plusieurs pays ont choisi le flottement administré ; tandis que la deuxième catégorie est celle de l'ancrage, soit dans la zone euro ou dans la zone dollar ; de même, nombreux pays sont dans une union monétaire.

Tableau 15 : Classification des régimes de change du FMI (2007)

Régime de change	Nombre de pays	
Union monétaire, dollarisation, euroïsation : 43	30 vis-à-vis de l'euro	
	12 vis-à-vis du dollar américain	
	1 vis-à-vis du dollar australien	
Caisse d'émission : 7		
Taux de change fixe avec marges de fluctuation : 5	4 vis-à-vis de l'euro 1 vis-à-vis du dollar américain	
Ancrage glissant : 7	6 vis-à-vis du dollar américain 1 vis-à-vis d'un panier de devises	
Flottement administré : 46		
Flottement pur : 23		

Source : Fonds monétaire international, 2007.

3. Quel nouveau choix ?

Le régime choisi par le Congo-Kinshasa est flottant, tantôt pur, tantôt impur ; choix justifié à cause des crises de change régulières. Nous l'avons dit dès le début de cette analyse que quatre taux se pratiquent : le taux budgétaire[97] (fixe), le taux salarial (fixe), le taux des frais académiques (fixe) et le taux du marché (flottant). Quels avantages peut-on attendre de l'abandon du régime flottant actuel ? Le maintien artificiel du pouvoir d'achat de la monnaie, la dévaluation en cas de nécessité, tout en maintenant l'équilibre entre l'offre et la demande des ressources ; l'amélioration de la compétitivité/prix à l'exportation dans

[97] Un dollar budgétaire est fixé à 1 425 FC, les salaires et les frais académiques sont fixés à 920 FC pour 1 dollar, tandis que le taux du marché flotte.

le cas où le pays améliore son niveau des prix (faibles) à l'exportation et gagne en valeur, même si les importations peuvent s'avérer coûteuses, sont autant des avantages d'un probable retour au régime fixe. Notons également qu'il peut s'ensuivre la valorisation des comptes épargne en monnaie nationale, les facilités d'accès aux prêts bancaires en monnaie nationale aussi dans la mesure où le taux fixe reste proche du dollar. Ces avantages classiques ne sont pas automatiques pour tout pays. Ils dépendent de la qualité de l'industrie, du niveau de développement atteint. Pour les pays pauvres, les avantages ne sont possibles que dans la mesure où l'économie subit un profond ajustement structurel ; que son extraversion s'estompe, que l'industrie de transformation s'active et que la dépendance en importation des biens et des services se réduise sensiblement.

Cet ajustement structurel peut redonner confiance aux banques, aux investisseurs et aux ménages. Un ancien vice-ministre du Budget suggère à travers ses pensées l'abandon du taux flottant et la fin de la dollarisation. Mais, même dans le régime de change fixe, l'ancrage dans une zone n'est pas exclu. Si nous admettons la formule de parité par rapport à un panier des monnaies (DTS)[98], il faut alors déterminer ce panier. Il doit en principe être composé des monnaies des pays à économies fortes, partenaires principaux du Congo-Kinshasa. Or, aujourd'hui la Chine occupe le premier rang. Son régime de change est fixe. D'autres partenaires, notamment les membres d'Union européenne qui disposent de l'euro, leur régime est flottant.

[98] Notons que la réforme du 12 mars 1976 avait rattaché le zaïre au DTS (1 Z = 1 DTS), soit 1,17 dollar américain. Mais ce rattachement n'avait pas empêché le retour au taux de change flottant en 1983. Tandis qu'en 1993, une nouvelle réforme monétaire a instauré un autre taux de change suite à l'émission d'une nouvelle unité monétaire « le nouveau zaïre » au taux de 1 dollar 3 NZ ; la parité interne retenue étant de 1 NZ = 3 000 000 AZ.

C'est aussi le cas des États-Unis. Dès lors, quelles devises constitueront le panier de parité pour le franc congolais ? Peut-on envisager l'arrimage aux DTS ? Mais, durant des années, ce choix adopté fut abandonné après. En fait, un tel choix correspondrait à opter les DTS comme étalon de référence. Toujours est-il qu'il faudra recourir à une monnaie liquide en cas des transactions financières ou monétaires. Dès lors, un gap des taux peut toujours s'opérer entre le franc congolais et les autres devises. Quelle gymnastique serait nécessaire pour évaluer ainsi chaque jour le taux de change en référence aux DTS ?

Faut-il alors choisir le yuan chinois comme monnaie d'ancrage si l'on veut s'approcher des principaux partenaires commerciaux avec qui le volume des échanges est important ? C'est à peine que cette monnaie est sur le marché financier international. Elle n'est pas encore d'usage à grande échelle. La guéguerre commerciale entre la Chine et ses partenaires commerciaux à propos du maintien de son taux sous-évalué demeure d'actualité. Cette dévaluation entrave le libre-échange et creuse les déficits commerciaux des partenaires chinois, en occurrence les États-Unis.

Peut-on espérer que les agents économiques du Congo-Kinshasa prennent l'habitude de l'usage du yuan dans leurs transactions financières ? Peuvent-ils faire du yuan, la monnaie refuge ? Et les Chinois eux-mêmes, leurs réserves à l'étranger sont libellées en dollar et en euro. Les titres les marchés financiers sont en dollar, principalement. Quel serait l'avantage tiré de l'ancrage dans la zone Yuan ? La problématique de formation des marchés parallèles ne peut aussi être ignorée. Dans le cas où le taux fixe (officiel) maintenu d'une manière artificielle ne correspond pas au taux parallèle (taux du marché), on peut assister à des interventions en cascade de l'autorité monétaire. Dès lors, tant que les deux taux (officiel et parallèle) vont s'écarter continuellement, l'impact sur l'économie va se manifester. On peut alors accorder la préférence au taux de change flottant, en vue d'espérer des ajustements automatiques. Mais se produiront-ils en vue d'assurer une stabilité profitable ?

Au vu de ces limites, quel serait le meilleur choix du régime de change qui correspond au contexte de l'économie congolaise ? Tout compte fait, les différentes études sur les choix des régimes de change sont arrivées à la conclusion selon laquelle : « il n'existe pas, *a priori*, de régime de change qui soit optimal en tout point. Les autorités doivent, dès lors, arbitrer entre les avantages et les coûts de la rigidité et de la flexibilité. Les pays émergents et en développement sont confrontés, non pas au choix d'une des deux solutions, mais plutôt au choix du degré de rigidité ou de flottement »[99]. Comme l'indique le tableau ci-dessous, plusieurs facteurs influencent le choix de régime. Il s'agit de la taille et du degré de l'ouverture, de l'inflation, des chocs externes et internes, de la mobilité des capitaux, de la crédibilité des autorités monétaires, de la flexibilité des prix et des salaires, etc. Le Congo a tenté le régime fixe, le régime aligné à un panier, le régime flottant. Peut-on oser les régimes intermédiaires ?

---

[99] Jean-Pierre Allegret, Mohamed Ayadi, Leila Haouaoui Khoumit, « Un modèle de choix de régime de change : Aspects théoriques et analyse empirique. Intégration financière internationale, régimes monétaires et stabilisation macroéconomique », May 2006, Hammamet, Tunisie, 2006.

Tableau 16 : Les facteurs influençant le choix du régime de change

Taille et degré d'ouverture de l'économie	Plus grande est l'ouverture de l'économie (plus la part du secteur des biens marchands est grande) plus le régime de change fixe est tentant. Ceci est dû aux coûts potentiels des transactions internationales et aux ajustements fréquents en change.
Niveau d'inflation	Si le taux d'inflation d'un pays est plus élevé que celui de ses partenaires commerciaux, le pays choisira un régime de change flexible afin de répondre aux chocs externes.
Chocs externes/ Internes	La question de l'influence des chocs sur le choix du régime de change est très délicate et mérite d'être traitée à part. Si l'économie est fortement intégrée et caractérisée par une forte mobilité du capital, le régime de change fixe est optimal.
Mobilité du capital	Plus le capital est mobile plus il est difficile de défendre un taux de change fixe, cible de spéculateurs.
Degré de flexibilité des prix et des salaires	Plus les salaires réels sont rigides, plus grand est le besoin de flexibilité du taux de change pour répondre aux chocs extérieurs.
Degré de crédibilité des autorités monétaires	Plus la réputation anti-inflationniste de la Banque Centrale est faible, plus souhaitable est le rattachement du taux de change. Le gain en crédibilité est alors coûteux en termes de flexibilité.
Système de fixation des prix	Quand les prix sont fixés dans la monnaie du consommateur, la stabilité de la consommation n'est pas affectée sous un régime de change flexible, alors qu'il y a transmission des chocs externes si les prix sont fixés dans la monnaie du producteur, sous un régime de change fixe ou flexible.

Source : Ripoll (2001).

Les autorités monétaires ont entrepris toutes les voies à travers diverses réformes monétaires dont le résumé fait par Kabuya Kalala renseigne que les facteurs à la base des réformes depuis 1963 jusqu'à ce jour se résument par : « le déséquilibre des finances publiques, l'existence des circuits spéculatifs et la sécheresse des ressources à l'État et aux secteurs productifs, la faible relance des exportations et des investissements, la chute des cours des produits d'exportation et la hausse vertigineuse des prix du pétrole, les retombés négatives de "zaïrianisation" et de "radicalisation", le laxisme croissant dans la gestion des finances »[100]. Ces causes rappellent la nature des crises de première génération que nous avons déjà évoquées plus loin. C'est avec la réforme de 1983 que le régime de change flottant fut adopté durant le règne de Mobutu. Le but n'a été atteint que partiellement. En effet, « le cours des monnaies était censé se déterminer "librement" sur le marché interbancaire des changes. La révision décidée de la parité de la monnaie nationale a consacré une dévaluation de 77,5 %, partant de la parité de 1 zaïre = 0,1575 DTS en vigueur depuis le 22 juin 1981 à 1 zaïre = 0,03542 DTS »[101].

Mais, au bout du compte, le naturel est revenu au galop. Car, quelques années d'accalmie ont suffi, et l'économie du pays a repris sa spirale de récession. Kabuya fait voir qu'« on a assisté à la dégradation prononcée de l'activité de production, à la détérioration des finances publiques, à l'aggravation de l'inflation et la précarité des réserves de change, à l'accumulation des arriérés du service de la dette ; et surtout à la profonde modification intervenue dans la structure de la masse monétaire à la suite d'un gonflement malsain des dépôts bancaires, et l'incapacité croissante des banques à répondre aux demandes de retraits des fonds exprimées par la clientèle »[102]. Les réformes de 1998, nous l'avons dit, interviennent le lendemain de la prise du pouvoir par AFDL. Les finances publiques étaient

---

[100] François Kabuya Kalala et Tshiunza Mbiye, « L'économie congolaise et la réforme monétaire de juin 1998 », www.ua.ac.be/ 2002.

[101] *Idem*.

[102] *Idem*.

au rouge. L'inflation était galopante, avec un taux annuel de 9 769 % contre 370 % et 753 % en 1995 et 1996, les réserves extérieures faisaient défaut. L'expansion monétaire était de 10 323,2 % avant d'être ramenée à 308,8 % en 1995 et à 471 % en 1996. Le but de cette nouvelle réforme de juin 1998 était : a) d'assainir l'environnement monétaire et financier caractérisé par la persistance de l'hyperinflation, la désarticulation du système des paiements et la multiplicité des taux de change ; b) de stabiliser la monnaie et unifier l'espace monétaire national ; c) d'accroître le taux de liquidité en vue de financer l'économie ; d) de favoriser la relance des activités de production. Aujourd'hui, comme hier, ces objectifs restent les mêmes, et les résultats sont décevants. Ce qui signifie que la prochaine réforme aura sans doute un impact limité. La crise de change et la crise financière qui caractérisent l'économie congolaise depuis 1963 à ce jour trouvent leurs explications, pas simplement dans la gestion des finances publiques, mais dans la structure même de l'économie. Nous avons eu le temps de l'annoncer dans cette réflexion. Les différents ajustements structurels entrepris avec l'aide des institutions de Bretton Woods ne portent pas des fruits. Les divers plans nationaux imaginés par les différents gouvernements qui se succèdent ne portent, non plus, des fruits. La dépréciation poursuit sa course, ce depuis que la nouvelle monnaie a vu le jour en juin 1988.

CHAPITRE 7

LES PRÉALABLES À LA STABILISATION DU TAUX DE CHANGE DU FRANC CONGOLAIS

Plusieurs plans des réformes structurelles sont entrepris au Congo-Kinshasa ; leurs énumérations peuvent prendre du temps et compter plus de mille pages. Dans ce chapitre, nous allons passer en revue principalement les réformes élaborées par le biais des institutions de Bretton Woods (Plan d'ajustement structurel, le DSCRP)[103] ; ensuite, nous allons proposer les nouvelles réformes basées sur l'introversion de l'économie.

1. Les réformes structurelles de l'économie

On ne peut aborder la question de nouvelle réforme de l'économie congolaise si l'on ne fait pas un petit retour en arrière pour scruter les leçons passées et leurs limites.

1.1. Les échecs des anciennes réformes

Le Congo est devenu une terre féconde des plans qui naissent, se succèdent, s'entassent et meurent sans être appliqués. Les experts rivalisent d'ingéniosité depuis Mobutu jusqu'à ce jour. Chacun croit pouvoir innover, et à chaque occasion, ils reprennent à zéro ! Le dernier plan en date est le « Plan national stratégique de développement à l'horizon 2050 », conçu avec l'aide de Séoul[104]. Durant les

---

[103] Document pour la croissance et la réduction de la pauvreté.

[104] Pour le développement industriel, le plan prévoit la création des zones économiques industrielles et franches permettant la création d'emplois et la substitution des importations. Il prévoit d'attirer les Investissements Directs Étrangers (IDE) qui permettront le développement des exportations, en plus de la création d'emplois. b) Pour le développement de l'agriculture et de l'industrie des

années 80, le programme de l'ajustement structurel a été imposé aux États à revenu faible et peu industrialisés. Mais les résultats sont restés mitigés, voire, nuls dans nombreux cas ! Plus de 37 pays africains ont payé le prix de cet ajustement. Quelles en sont les causes et comment y remédier ? Avant tout, il convient de rappeler les vertus de l'ajustement tel qu'entendu à l'époque par les institutions de Bretton Woods.

L'ajustement structurel a eu pour objectif proclamé de résoudre la problématique des échecs des stratégies de développement conçues au cours des années 60/70. Les spécialistes de l'économie du développement ont cru que les remèdes aux échecs se trouvaient dans les réformes des structures des économies pauvres, et non dans l'octroi des ressources financières abondantes. Ils avaient raison. Une autre thèse soutient que les réformes avaient surtout pour but de récupérer les créances douteuses consenties aux bénéficiaires et qui n'étaient plus capables de les honorer. Les pays « malades » de l'endettement, ayant accumulé des emprunts durant des années, se sont montrés incapables, insolvables, il fallait les soumettre à une cure de restructuration en vue de redresser les économies et restaurer la confiance des créanciers qui avaient la crainte de perdre leurs prêts accordés. Il s'agissait de réaliser le retour à des équilibres financiers. Patrice Dumas constate à ce sujet que : « pour éviter la contagion des faillites financières, les PDEM ont accepté le rééchelonnement de la dette et une annulation en partie. En échange, le FMI a imposé une austérité budgétaire afin que la dette de l'État diminue, des dévaluations pour favoriser les exportations et diminuer les importations, une libéralisation des économies pour diminuer la dette et pour que les entreprises ne

---

produits de la pêche, il est question de créer les fermes familiales ainsi que leur mécanisation et encourager l'accueil des fonds étrangers pour le développement de l'agriculture industrielle.

puissent faire faillite, et des hausses des taux d'intérêts internes afin de favoriser l'épargne »[105]. Cette tentative de retour à l'équilibre financier s'est soldée par des récessions à répétition, par une baisse de l'investissement et des importations ainsi que par une augmentation des inégalités à l'intérieur des pays. Les crises financières se sont manifestées dans beaucoup de pays soumis à cette cure tant en Amérique latine qu'en Afrique. Le résultat attendu : récupérer les créances douteuses, relancer la production et bénéficier des échanges avec le reste du monde, n'a pas été atteint. Les exportations des matières premières n'ont pas généré des ressources attendues à long terme.

Au Congo-Kinshasa, les réformes ont entraîné la réduction de l'emploi dans la fonction publique d'autant plus que l'austérité budgétaire imposée a eu un impact social très négatif. L'État a réduit les dépenses destinées aux secteurs vitaux : l'éducation, la santé, l'agriculture, les salaires de la fonction publique. Des gestionnaires étrangers (experts) recommandés par les institutions de Bretton Woods ont été nommés à la tête de grandes entreprises publiques, y compris à la banque centrale, en vue d'imposer la gestion rationnelle des finances. Par la suite des échecs, Mobutu a fini par renvoyer ces experts qui ont trôné à la tête des régies financières, mais aussi à la tête des grandes sociétés d'État : SNCC, GECAMINES, SNEL, REGIDESO. En fin de compte, le rapport de la Banque mondiale note que le passif social de ces entreprises publiques était évalué en 2013 à plus de 670 millions de dollars américains. C'est une preuve de la quasi-faillite. Aujourd'hui, la capacité de desserte en électricité de la Société nationale d'électricité (SNEL) est moins de 9 %, par rapport aux besoins de la population totale du pays ; l'accès à l'eau potable desservie par la REGIDESO est

[105] Patrice Dumas, *Les inégalités du développement*, juin 2016.

aussi lamentable. Des quartiers entiers sont privés d'eau, ce durant des mois. Certains clients se décident de ne plus régler leurs factures mensuelles. La prise de contrôle de l'économie congolaise par les experts étrangers n'a donc pas eu gain de cause. Certains estiment que la dictature en était la cause. On ne pouvait pas envisager des réformes dans un contexte de mauvaises institutions publiques.

1.2. L'échec de libéralisation des entreprises publiques

Durant la période d'entre 1980 et 2000, le Congo a enregistré la période la plus sombre de l'économie, véritable descente en enfer. Les entreprises zaïrianisées ont disparu sous le poids de la mauvaise gestion et de gaspillage. Il s'agit des entreprises ravies aux anciens propriétaires (étrangers) et qui ont été distribuées gratuitement aux cadres politiques du parti unique, le MPR, sans aucune expérience de gestion. Cette chute de petites entreprises a impliqué la perte d'une source des recettes publiques (taxes et impôts) ainsi que la perte des milliers d'emplois. La base de l'industrie légère nationale a ainsi été détruite totalement.

De même, les grandes entreprises nationalisées ont été confiées aux gestionnaires nommés selon le critère de militantisme et de dévotion au MPR (Mouvement populaire de la Révolution). Des animateurs de ce parti ont trôné à la tête de ces entreprises, selon qu'ils appartenaient à telle ou telle autre tribu. Ils ne pouvaient rendre des comptes qu'aux dirigeants du parti unique. Le critère de nomination des gestionnaires étant avant tout politique ; en dépit de la mauvaise gestion décriée, ils étaient maintenus à leurs postes tant qu'ils étaient loyaux au grand leader éclairé, le chef fondateur du parti unique. Croupissant sous le poids des dettes et de détournement, ces entreprises n'ont plus été rentables. Le peu de profits réalisés atterrissait dans les poches des dignitaires, parfois à l'insu de chef suprême. Les festins organisés par ces dignitaires étaient pris en charge par ces entreprises. Pour survivre, elles dépendaient de soutiens budgétaires. Ainsi le choix de nommer les experts étrangers à leur tête n'a pas répondu aux attentes des ceux qui les ont recommandés (FMI, BM). Ces experts se sont butés à la résistance au changement. Par ailleurs, l'état piteux dans lequel elles (entreprises) étaient plongées depuis des années, ne permettait pas d'imposer une cure immédiate. Certaines d'entre elles étaient, en effet, en faillite non déclarée. Le graphique ci-dessous démontre qu'en 1990 et 2000, l'ajustement n'a pas eu d'effets escomptés. La croissance est restée négative durant la période.

Graphique 8 : Ajustement structurel et croissance (% PIB) En RDC (1991-2009)

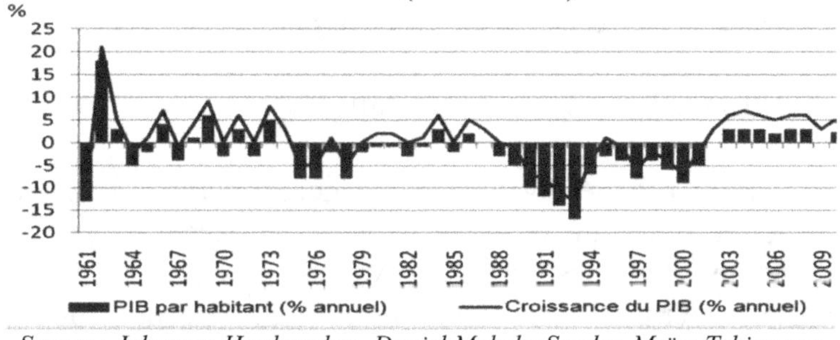

Source : Johannes Herderschee, Daniel Mukoko Samba, Moïse Tshimenga Tshibangu ; Résilience d'un géant africain, vol. 1, Banque mondiale, 2012.

Cet état de fait a alourdi considérablement le déficit budgétaire au cours de cette période, attestant la faillite de l'État, incapable de réaliser un budget de quelques millions de dollars. C'est ainsi qu'au cours des années qui ont précédé la chute du régime, le budget atteignait à peine

200 millions pour une population totale de ± 80 millions d'habitants. Marie Mazalto remarque que devant cette impasse, « en dépit de la rupture politique du gouvernement avec ses bailleurs, le service de la dette et les perspectives de développement du pays ont continué à mobiliser les IFI »[106]. On a cru que la libéralisation pouvait tirer l'économie de ce marasme. Il ne fallait pas laisser le malade mourir doucement. Loin de là, cette privatisation a aussi échoué. Mazalto souligne à ce propos que : « les indices macroéconomiques témoignaient d'une importante récession : en 1993, le PIB par habitant était estimé à 117 dollars, soit 65 % de moins qu'en 1958 (Banque mondiale, 1994). Les entreprises étatiques sont entrées en cessation de paiement, l'administration publique paralysée, les services sociaux et les infrastructures en déliquescence. Quant à l'aide publique au développement et aux investissements privés, ils sont quasi inexistants »[107]. Face à un État jugé incapable d'assurer ses fonctions (faillite), la libéralisation économique amorcée était présentée comme un impératif pour envisager la reprise du développement du pays.

1.3. Les échecs de la privatisation

Pour renouer avec la croissance, assurer l'emploi et l'amélioration du revenu par habitant, le pays a été poussé à adopter des mesures de privatisation des entreprises, comme dernière solution, au vu de l'échec de la libéralisation. Mais cette approche, bien que nécessaire, elle n'a pas été synonyme de l'introversion de l'économie, bien au contraire, elle a renforcé l'extraversion, avec toutes les conséquences. Car, cette privatisation a concerné davantage

---

[106] Marie Mazalto, *La réforme du secteur minier en République démocratique du Congo : enjeux de gouvernance et perspectives de reconstruction*, Université du Québec à Montréal, 2008, p. 7.

[107] Mazlato, *idem*.

le secteur minier et celui des services de communication. Notons que la première phase de la libération était caractérisée par l'ampleur des prises de participation de l'État congolais dans le capital au cours des années 1990-2000. On a compté ± 38 entreprises dans lesquelles l'État avait des parts allant de 20 à 99 % ; tandis que les autres entreprises sont restées sous son contrôle total : Gécamines, SNEL, REGIDESO, RVA, SNCC, ex-ONATRA, etc. De l'énergie au transport, bref, dans tous les secteurs : assurance, mines, agriculture, chemin de fer, transport aérien, maritime, les textiles, l'élevage, l'hôtellerie, banques, constructions, travaux publics, alimentation, ciment, diamant, jeux de loterie, acier, l'État congolais (zaïrois) a marqué sa présence totale. La gouvernance de ces entreprises était soumise à une dure épreuve. Les gestionnaires étaient de nouveau nommés sans tenir compte de critère de compétence. Les ressources étaient dilapidées, l'emploi était arbitraire, lié aux relations tribales, la comptabilité n'était presque pas tenue, les ordres de retrait des fonds venaient de partout : présidence, services de sécurité, armée, primature, famille élargie du chef, etc. Le renouvellement de l'outil de production n'était plus assuré, les prêts n'étaient pas remboursés, l'audit n'était pas réalisé, etc.

Comme le souligne Hubert Mwipatayi : « Avant la réforme, 51 entreprises publiques du portefeuille de l'État avaient pour objectif la création de richesses et des emplois, d'offrir des services de meilleure qualité et de contribuer au budget de l'État. Malheureusement, une certaine pesanteur tirait vers le bas ces entreprises qui occupaient 80 % de l'espace économique du pays : la faible productivité, un personnel pléthorique et vieillissant, l'insuffisance de matériels et équipements nécessaires à l'exploitation ; le surendettement constituant le passif le plus lourd et une mauvaise gestion des ressources »[108].

Avec l'appui de la Banque mondiale, le pays a été soumis à une autre cure de dégraissage. Un programme de réforme des entreprises publiques a été initié en vue de redynamiser les secteurs d'activités, relancer la croissance, créer de l'emploi et assurer le développement. Plusieurs années après cette opération, soit en 2018, l'État dispose de 20 entreprises commerciales, nombre inférieur à l'ancien portefeuille. On peut s'imaginer que ce dégraissage a eu de succès. Mais la performance de ces entreprises reste la même, c'est-à-dire, en dépit des réformes envisagées et qui ne portent pas de fruits à ce jour, les entreprises publiques rendues commerciales enregistrent des bilans médiocres. La privatisation n'a pas contribué à la dynamisation de l'économie ; elle ne se diversifie pas non plus, seul le secteur des mines prédomine. L'agriculture reste de subsistance. Les investisseurs nationaux et étrangers sont généralement intéressés par les mines, le transport urbain, les communications, le commerce de détail, l'exploitation forestière, les services (hôtellerie, restauration) et les travaux publics financés par l'État (construction des artères dans les villes). Le tableau ci-dessous indique l'indice de l'industrie manufacturière entre 2006-2010.

[108] Hubert Mwipatayi, *La réforme des entreprises publiques. Des retombées mitigées*, 15 novembre 2014.

Tableau 17 : Indice de la production des industries manufacturières (Base 2000 = 100)

	2006	2007(p)	2008(p)	2009(p)	2010(p)
A. Industrie de biens de consommation :	93.2	96.9	98.2	100.0	102.4
– produits alimentaires	94.6	97.4	99.0	100.0	101.0
– Boissons	84.8	95.0	97.8	100.0	104.5
– Tabacs	91.5	94.3	97.1	100.0	97.0
– Confection et bonneterie, tissage et	393.4	277.8	166.7	100.0	60.0
impression de tissu	111.4	105.5	102.1	100.0	60.0
– Chaussures et cuirs	94.2	97.0	100.0	100.0	100.0
– Chimie de consommation	-	90.7	-	-	-
	86.4	94.2	95.2	100.0	105.0
– Fabrication des produits pétroliers raffinés	91.5	94.2	97.1	100.0	103.0
	91.5	94.2	97.1	100.0	103.0
– Plastique					
	91.5	141.7	97.1	100.0	103.0
– Fabrications métalliques légères	172.5	86.9	102.9	100.0	96.6
– Édition, imprimerie, et reproduction	101.4	215.0	98.8	100.0	101.1
	322.9	94.3	92.9	100.0	101.1
– Fabrication des papiers, cartons et					

d'articles en papier et carton	91.5	174.4	97.1	100.0	103.0
	200.6	98.1	115.1	100.0	86.9
B. Industries des biens d'équipement d'approvisionnement :	93.4	**96.2**	99.0	100.0	101.0
	92.7		**98.7**	**100.0**	**101.7**
– Fabrications métalliques lourdes					
– Matériel de transport					
– Minéraux non métalliques					
– Transformation de bois					
– Autres non classées ailleurs					
Indice global A+B					

Source : banque centrale du Congo, Enquêtes économiques.

On ne compte pas une seule usine de transformation locale des matières premières. La matière brute est exportée vers l'extérieur. Cet état de fait aggrave l'extraversion de l'économie congolaise. Ne répondant pas aux besoins de réforme, ces entreprises constituent une simple liaison entre producteurs des minerais et firmes multinationales situées en amont. Pour le commerce de détail, les importateurs constituent également le relais entre producteurs étrangers (Chine, Asie du Sud-Est) et consommateurs nationaux congolais. Ce commerce relais nécessite de puiser dans les réserves des avoirs extérieurs pour financer les importations. Mais lorsque la valeur de ces importations dépasse celle des exportations, la contribution financière de ces entreprises reste un sujet de controverse. Les différentes études accusent le laxisme financier ; tandis que les industriels eux-mêmes pointent du doigt la forte pression fiscale. Néanmoins, la nature de l'impact varie selon la taille des entreprises. Les petites et moyennes entreprises s'acquittent tant soit peu de leurs devoirs. Les grandes entreprises minières et de télécommunications, en revanche, échappent au fisc, bénéficiant des exonérations, mais aussi des accointances malicieuses à un certain niveau de la hiérarchie du pouvoir.

2. Les illusions de la nouvelle vision du développement

Entre 2008 et 2012, la Banque mondiale, pour reprendre cet exemple, a été au chevet du Congo avec autant de milliards de dollars. Le portefeuille comprenait 15 projets représentant un engagement de 1,88 milliard de dollars dont 903,2 millions auraient été décaissés (à la fin de décembre 2011). Deux projets régionaux représentant un montant total de 938 millions de dollars dont 769 millions n'ont pas été décaissés. Environ 64 % du portefeuille sont consacrés à l'infrastructure (eau, énergie et routes), 18 % au développement humain, 11 % à l'agriculture et au développement du secteur privé, et 7 % à la gouvernance et au secteur minier. Les aides bilatérales et celles des autres bailleurs complètent cette enveloppe. La Chine, le Japon, l'Inde, les pays du Golfe, etc., sont aussi présents au Congo. Au regard des résultats, on est en droit de dire que le pays tourne en rond. La nouvelle politique industrielle envisagée depuis 2012, à l'époque de Matata Ponyo, laisse penser qu'au bout de souffle, les dirigeants du pays n'ont pas la préoccupation de le redresser d'ici peu. Ils se plaisent à écrire des discours politiques qui laissent croire que tout est parfait. Les félicitations qui s'en suivent dénotent le peu d'attention consacrée réellement au redressement du pays. On s'installe dans les habitudes troubles d'applaudir les illusions. Les propositions de relance laissent croire qu'il s'agit d'une litanie des citations non réfléchies. Nous allons décortiquer ses aspects économiques, à travers l'analyse ci-dessous.

2.1. L'aménagement des « zones industrielles »

Les zones industrielles ? Mais quelles zones ? Les zones spéciales et les corridors ? De quoi s'agit-il exactement ? Ces questions ont leur importance. Car, ces gros mots sont empruntés au vocabulaire économique, sans incidence sur la réalité du Congo. À l'époque coloniale, les quartiers industriels ont existé. Aujourd'hui, ils ont disparu sous le poids de l'usure. Les érosions, les églises de réveil, les bidonvilles ont fait irruption sur les sites. Ici et là, les maraîchers entretiennent des petits jardins potagers pour survivre et faire face aux dépenses exorbitantes de leurs familles. Les nouvelles zones, telles que conçues par l'État, concernent la mise en chantier d'un plan d'intégration de l'espace territorial, en développant les régions en fonction de leurs dotations factorielles naturelles. Ce qui suppose que tout l'espace national est décomposé en zones géographiques, chacune correspondant à une vocation : mines, agriculture, pêche, tourisme, industries, tel que l'indique le texte[109]. Si l'énumération est facile, l'application nécessite des programmes et des projets budgétisés. La première condition est la disposition des infrastructures : l'électricité, l'eau, les ponts, les routes, les

[109] Le Programme quinquennal 2012-2016 en intégralité.

entrepôts. Pour un pays de plus de 2 345 000 km², combien coûte la réalisation de ces infrastructures en déliquescences ? La taille des infrastructures routières démontre l'ampleur des travaux de réhabilitation[110]. À travers tous les territoires, ces routes (nationale aussi) sont dans un état de délabrement avancé. Un parcours de 100 km, entre deux agglomérations, peut durer 4 à 5 heures, voire plus. Les saisons de pluie les rendent totalement impraticables. Les routes de desserte agricoles sont défoncées.

110 Le pays comprend au total 153 209 kilomètres de routes dont 58 509 km d'intérêt général, 3 000 km revêtus, et 87 300 km d'intérêt local ou de desserte agricole. Le réseau comprend aussi 1 965 ponts pour 25 130 m linéaires et 187 bacs (à trailles, à moteurs et à pirogues).

Tableau 18 : Le réseau routier de la République démocratique du Congo

Province	Routes revêtues	Routes en terre	Longueur totale	Proportion des routes revêtues	Proportions des routes en terre
RDC	3 120	55 009	58 129	5,4	94,6
Kinshasa	227	25	252	90,1	9,9
Bas Congo	630	2 500	3 130	20,1	79,9
Bandundu	458	8 384	8 842	5,2	94,8
Equateur	50	8 754	8 804	0,6	99,4
Province Orientale	231	10 034	10 265	2,3	97,7
Nord Kivu	357	1 389	1 746	20,4	79,6
Sud Kivu	152	1 764	1 916	7,9	92,1
Maniema	240	3 572	3 812	6,3	93,7
Katanga	610	10 436	11 046	5,5	94,5
Kasaï Oriental	135	4 183	4 318	3,1	96,9
Kasaï Occidental	30	3 968	3 998	0,8	99,2

Source : office des routes, 2014

Le seul projet de la BM destiné à la réouverture et l'entretien des « routes hautement prioritaires » revient à 122,62 millions de dollars, le développement de l'accès à l'électricité (besoin de première nécessité) exige également 147 millions, selon la même source. Bref, l'ensemble des préoccupations concernant l'aménagement du territoire revient à plusieurs milliards de dollars. Compte tenu de l'étroitesse de revenus du pays, et compte tenu de l'étroitesse des aides extérieures, il n'est pas exclu de dire que cette proposition est une simple recommandation, sans aucune suite. Conçu pour être achevé en 2016, et inspiré par l'approche de la croissance équilibrée de Ragnar Nurske et Paul Rosenstein-Rodan, ce plan n'a pas connu un seul pas de son exécution. Il reste lettre morte, de la même manière que les autres prévisions d'aménagement des zones industrielles. Matata Ponyo est parti, il a laissé la place aux autres imaginations sans suite.

Ce plan était un souhait creux tant qu'il n'était pas accompagné d'une possibilité de l'électrification des zones économiques. Il impliquait également sa budgétisation, incluant les projets concrets détaillés avec l'étude de faisabilité sur : l'accès à la technologie, l'attrait des capitaux frais, la qualification de la main-d'œuvre. Il supposait aussi la construction des réseaux des communications par route, par eau et par air. Or, depuis l'indépendance, le pays n'a pas tracé une nouvelle route, encore moins, un nouveau port en milieu rural. Les zones industrielles aménagées dans les villes coloniales ont laissé place aux églises et maisons d'habitation. Depuis des années, les plans de développement du pays restent dans les tiroirs. L'aménagement du territoire ne sous-entend pas, non plus, l'industrialisation extravertie. Dans ce contexte, comment peut-on envisager de mettre en valeur les régions minières, les régions agricoles et les régions forestières, sans l'idée de transformation des ressources locales en vue de réduire la dépendance ?

2.2. La promotion du partenariat privé/public

C'est aussi un souhait qui s'est transformé en un slogan sans effet. Quelles sont les entreprises congolaises qui peuvent attirer les capitaux étrangers ? Comment sont-elles gérées ? Elles sont principalement de quel secteur ?

Quels sont les profits espérés ? Quelles sont les garanties qui peuvent sécuriser l'étranger ? L'éventaire actuel est très modeste. Le Congo ne produit que quelques biens intermédiaires dont le volume est loin de répondre à la demande nationale, à savoir : les fils barbelés (sidérurgie), la métallurgie, la peinture, les boulangeries, les produits cosmétiques, le savon, les brasseries, le verre, le papier, les matières plastiques ainsi que quelques biens de consommation courante (pharmacie, textile, meuble).

Toutes les branches de production souffrent de la crise qui frappe le pays. Remarquons également que durant longtemps, cette industrie manufacturière est coupée de ses sources d'approvisionnement en matières premières et de débouchés en produits finis. Car, elle date de l'époque coloniale. Sa capacité de production actuelle est de 15 à 17 %. Le secteur secondaire est aussi très peu développé et caractérisé par une forte présence de l'État, marginalisant ainsi le secteur privé. La plupart des sociétés sont publiques ou à participation mixte, avec souvent une participation majoritaire de l'État. La libéralisation n'a pas ouvert les portes aux nouveaux investisseurs, sauf dans quelques services. Ils sont intéressés par le commerce de gros et par l'importation.

2.3. La réhabilitation, les réformes des grosses unités, l'appropriation technologique

C'est un grand défi qui a pour but de réduire la polarisation industrielle avec la concentration des activités dans trois provinces (53 % pour la ville province de Kinshasa, 17 % pour la province du Katanga, 10 % pour la province du Bas-Congo et 10 % pour le reste de 23 provinces). Il était prévu de réaliser l'essaimage en vue d'obtenir les effets d'entraînement en amont et en aval d'industries avec particulièrement une prédominance des biens de consommation (69 % de la valeur ajoutée contre 31 % pour les biens d'approvisionnement et d'équipement) ; introduction, approbation, vulgarisation, appropriation des normes internationales ; développement de la qualité et des normes ; développement du marketing, de l'innovation, de la vieille concurrence, de l'intelligence industrielle ; et augmentation de la compétitivité (définie comme la résultante d'une qualité, d'un coût de revient et d'un délai pour un produit spécifié). C'est en ces termes que le plan de l'industrialisation était exprimé par le pouvoir public. Riche imagination, mais sans aucun suivi, ni aucun début d'exécution. Ce raisonnement porte à penser que les experts copient les idées et referment aussitôt les portes, se contentant d'avoir laissé les traces dans les rayons des placards. Étant donné l'échec de cette projection, l'État congolais, en dépit de la volonté de libéralisation de son industrie, reste encore propriétaire de dizaines d'entreprises étatiques. Les autres sont tombées en faillites. Dans ce contexte, l'énigme de diversification ne peut être résolue pour plusieurs raisons : l'accès à la technologie fait défaut. L'entrepreneuriat congolais se concentre dans les petits métiers artisanaux. Le commerce de gros et de détails constitue l'essentiel, mais il est avant tout un commerce de relais, dépendant des approvisionnements de l'Asie et de l'Europe. L'indice de production des biens d'équipement est en baisse sur toute la période examinée, comme le démontre le graphique ci-dessous.

Graphique 9 : Indice de production des biens d'équipement

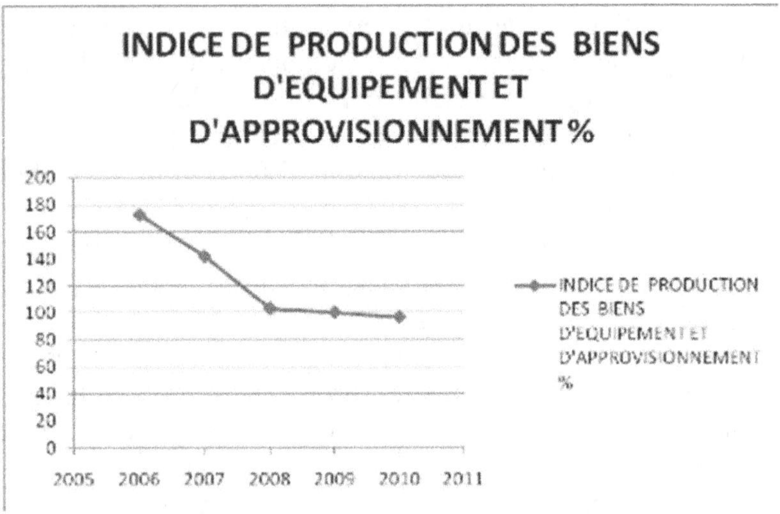

Source : Banque centrale du Congo.

Par manque de la production nationale, ce commerce doit sa prospérité à l'importation des biens finis et même intermédiaires en provenance de l'Asie principalement. Les infrastructures de transport et de logistique datent de l'époque coloniale et sont vétustes. Le rapport publié par la cellule d'étude du ministère de l'Industrie note à ce propos : « En 2011 sur toute l'étendue du territoire national et en 2013 dans la ville de Kinshasa, la RDC comptait en 2011 et 2013 respectivement près de 522 et 647 entreprises manufacturières (dont 350 au moins étaient viables en 2013). Quatre provinces concentraient environ 64,1 % des industries en 2013 : Kinshasa (33,5 %), Katanga (13 %), Nord-Kivu et Province orientale avec 8,8 % chacune. La branche agroalimentaire et boisson concentrait 46,5 % des industries recensées en 2013. Les deux autres branches les plus dynamiques sont la fabrication des produits chimiques et la production du bois et articles en bois avec respectivement 11,1 % et 10,5 % des industries »[111]. Que fournit cette industrie par rapport à la demande nationale ? Le tableau sur l'indice de productivité (plus haut) démontre la faiblesse de cette industrie. Il s'agit généralement de petites unités de fabrication dont la capacité est nettement en dessous des besoins de consommation exprimés. Le commerce de détail dans les villes et autres centres est servi principalement par les biens importés. Il en est de même du soutien à l'entrepreneuriat local.

Ce pays ne manque pas d'imagination. Les plans sont constitués de petits bouts de phrases qui finissent par être oubliés. En effet, en 2016, le Congo a prévu de se doter d'un programme d'urgence de soutien à l'industrie locale (PUSIL) qui vise la promotion de l'entrepreneuriat national, la mise en place d'une boîte à outils complète pour le financement de l'industrie et l'aide à la compétitivité. Il a également mis en place une ligne de crédit de 10 millions de dollars au sein de Rawbank, en vue de soutenir les activités de petits entrepreneurs. Mais il n'existe aucun rapport ni sur la mise en œuvre de ces idées, ni sur le suivi. Le Congo-Kinshasa peut être comparé à un fleuve de belles phrases qui dessinent derrière elles les érosions industrielles. Que faire ?

3. Propositions de diversification industrielle

La grande maladie de l'industrie congolaise demeure au niveau de sa structure héritée de la colonisation. Elle présente les mêmes caractéristiques. Pire encore, la petite industrie agroalimentaire qui servait la demande nationale a été détruite. La pêche, l'élevage, l'huilerie, etc., ont presque disparu. Dans cette section, notre souci est de

[111] « La République démocratique du Congo, rapport annuel, 2017 », in africaneconomicoutlook.org/sites/.

proposer un schéma de l'introversion basée sur la mobilisation des facteurs de production qui sont à la portée des agents économiques. L'agriculture demeure le principal secteur. L'import-substitution n'est pas envisagé à court terme, encore moins l'export-substitution. Il est, cependant, possible de mobiliser les ressources issues de l'exportation pour soutenir l'introversion.

3.1. De l'extraversion à l'introversion

L'équilibre du taux de change réel de long terme est assuré par l'équilibre interne et externe. L'épargne doit correspondre plus ou moins à l'investissement, de même, la balance des paiements doit être en équilibre. Pour ce faire, il faut éviter les variations cycliques des fondamentaux ; de l'autre côté, le pays doit attirer les capitaux et cesser d'être importateur net, ce qui suggère la disponibilité régulière des réserves. Or, au vu des données statistiques de 2000 à 2015, la balance des paiements est régulièrement déficitaire, la croissance est irrégulière, les chocs cycliques sont à répétition, le taux de l'emploi est en dessous de 40 %. Le pic a été atteint entre 2013 et 2015. L'équilibre interne n'est jamais acquis.

Tableau 19 : La balance des paiements de la RDC (1996/2015)

Données	Date de l'information
-2,98 milliards $ US	2015
-3,29 milliards $ US	2014
-3,48 milliards $ US	2013
-1,70 milliard $ US	2012
-1,28 milliard $ US	2011

-2,17 milliards $ US	2010
-1,12 milliard $ US	2009
-0,15 milliard $ US	2008
0,53 milliard $ US	2007
0,05 milliard $ US	2006
-0,39 milliard $ US	2005
-0,06 milliard $ US	2004
0,18 milliard $ US	2003
0,42 milliard $ US	2002
0,24 milliard $ US	2001
0,09 milliard $ US	2000
-0,11 milliard $ US	1999
-0,43 milliard $ US	1998
-0,20 milliard $ US	1997
-0,04 milliard $ US	1996

Source : Atlas des statistiques sur les pays, 2016.

Sur le plan de la croissance et du développement, le pays a été classé 184e sur 186, au rang mondial par le FMI et le PNUD. Les améliorations possibles de cette position ne l'éloignent pas de la queue. Outre ce déficit des comptes extérieurs, notons également que l'épargne nationale garantissant l'investissement est négative. La bancarisation est de l'ordre de 6 à 8 % par rapport à la population. On ne cessera de le répéter, le revenu assure la consommation et l'épargne. L'épargne garantit l'investissement. Il s'établit une bonne relation entre exportation, importation, épargne et investissement. Ce qui suggère que l'équilibre de long terme du taux de change est garanti par le niveau de la création de la richesse, le niveau de l'épargne et de l'investissement. La balance des paiements déficitaire, en particulier la balance courante, est une expression des défis à relever au regard de la dépréciation récurrente de la monnaie. Quelles politiques économiques permettraient de relever ces différents défis ? Au cours des années 70, les auteurs ont rivalisé d'imagination, suggérant l'import-substitution pour les uns, la promotion des exportations (école suédoise sur les théories de l'échange) pour les autres. D'autres, par ailleurs, ont imaginé le soutien au secteur générateur des richesses, tandis que les autres proposaient le soutien à l'industrie industrialisante. Les échecs de ces approches ont été constatés dans plusieurs pays en développement. Ce ne sont pas les stratégies elles-mêmes qui sont inefficaces, mais la manière de leur mise en œuvre. Investir dans la substitution des importations et garantir en même temps la cape sur les exportations ne sont pas contradictoires dans le contexte de l'économie extravertie. On évite la sécheresse des avoirs extérieurs et en même temps, on évite aussi le poids des dépenses nécessaires à l'importation.

Dès lors, il y a lieu d'imaginer le schéma qui permet de répondre à la demande nationale, et en même temps, on choisirait la voie qui permet de garder l'économie ouverte, tout en évitant d'être importateur net des capitaux. L'import-substitution signifie que l'État, dans le cadre de réduire sa dépendance et atteindre l'équilibre de la balance du commerce extérieur, peut soit, réduire volontairement le volume, soit imposer un tarif prohibitif protecteur, lesquels choix entraîneraient moins de dépenses en devises, mais aussi, moins de demandes en biens et services importés. Les gains se traduiraient par le surplus des avoirs étrangers épargnés. La critique contre cette stratégie porte sur le manque à gagner pour le consommateur, dans la mesure où la demande nationale ne peut être comblée par la production locale. Elle porte aussi sur les coûts exorbitants des biens finis, face aux produits importés moins chers. Le risque se traduirait par la préférence des consommateurs qui, devant les habitudes et la qualité, peuvent accorder la préférence aux produits importés. Mais faut-il d'office abandonner l'initiative ? Ne peut-on pas oser les premiers pas ? Deux conditions sont requises : a) disposer d'entrepreneurs nationaux, capables de rivaliser d'ingéniosité, disposant de ressources propres ou empruntées, mais prêts à prendre le risque d'investir dans le durable, c'est-à-dire, donner naissance à l'industrie nationale ; b) renforcer le développement régional et tirer profit du commerce intrarégional qui peut s'avérer une chance à saisir dans ce cas. Car, les effets positifs de proximité géographique peuvent réduire les craintes d'une substitution irréfléchie.

Les échanges dans les accords de regroupements régionaux peuvent s'avérer aussi les premiers pas de constitution des marchés régionaux présentant les mêmes caractéristiques. Dans ce cas, la convertibilité des monnaies dans la région est un défi à poursuivre. Car, le problème des avoirs extérieurs se poserait moins. Cette convertibilité va de soi, en fonction du volume des échanges et de la stabilité des monnaies de la région. Les critères de convergence des économies peuvent être imposés et étroitement surveillés pour éviter les dérapages et les échecs des projets amorcés. Donc, la stratégie exige qu'elle soit accompagnée par le soutien à l'industrie naissante ou existante susceptible de rivaliser avec les produits importés.

Ce qui suppose qu'on ne réduit pas les importations par un coup de baguette magique. Les moyens financiers pour créer la substitution nationale doivent être engagés. C'est à ce point que les ambitions s'arrêtent souvent, faute de ressources nationales utiles. Un ancien vice-ministre du Budget suggère que l'État use de son pouvoir pour créer la quantité de monnaie utile, à chaque occasion que ceci s'avère nécessaire. Il minimise les risques de l'expansion monétaire. Cette suggestion néglige les effets néfastes, notamment l'inflation et la dépréciation. En l'absence d'une industrie étatique, l'entrepreneuriat national, nous ne cessons de le souligner, doit être encouragé. Le rôle du Fonds de promotion de l'industrie (FPI) s'avère capital, à cet effet. Il a pour mission d'accompagner les initiatives en matière de création des entreprises. Sa gestion peu rigoureuse pose cependant le problème de l'efficacité des prêts accordés. Encourager les initiatives nationales, créatrices de richesse ne signifie pas tourner le dos aux investisseurs étrangers. Ces derniers se greffent généralement sur les initiatives nationales dans les pays où elles portent les fruits. C'est qui explique des investissements étrangers orientés vers le développement des initiatives mixtes, de manière à créer des conditions idéales de substitution.

Combinées avec l'intégration régionale, ces facilités peuvent aussi être saisies comme une opportunité, compte tenu des potentialités du pays et de la qualité du pouvoir d'achat des consommateurs. Dans ce contexte, il serait souhaitable de faire l'inventaire de ces potentialités et d'établir des programmes industriels de moyen et de long terme dans le but d'aboutir à l'éclosion de vastes marchés régionaux. Ces suggestions ne sont pas nouvelles, des études conduites régulièrement par la BM et le FMI sont légion. Chaque année, des rapports sont dressés sur les opportunités.

On y trouve des suggestions et recommandations tirées des expériences qui ont fait preuve dans les pays asiatiques au milieu des années 70. Ces pays ont opté d'abord pour l'industrie atelier ; ils ont réussi la création de l'industrie légère répondant aussi bien au besoin de la consommation locale qu'à ceux de l'exportation. Cependant, la réussite reste moins évidente en Afrique (Congo aussi). Non seulement des capitaux frais, mais aussi un savoir-faire, une maîtrise des travaux font défaut. Ce qui sous-entend que les premiers pas dans l'import-substitution doivent miser sur l'industrie légère, moins consommatrice des capitaux, et peu exigeante dans la qualification de la main-d'œuvre. Les capitaux essentiels ne servent pas à acquérir les machines clé en main, mais à mettre en place des infrastructures de base (énergie, routes, ponts) et une étude de localisation efficace des activités conçue dans le cadre de l'aménagement réaliste du territoire.

3.2. La réduction du déficit courant

Il est prouvé que les crises de change dans les pays pauvres sont de première génération. Elles sont monétaires et moins financières. Les facteurs déclencheurs sont des chocs exogènes qui peuvent être évités, à l'aide des réformes structurelles des économies. Le Congo-Kinshasa est l'un des pays les plus riches en potentialités naturelles. Mais les entreprises nationales tournées vers la demande nationale sont comptées sur les bouts des doigts. Celles qui existent sont généralement dans les mains des expatriés (plastique, pharmacie, beurre, tôle, matelas, gobelet, alcool, bière, limonade, sachets, cartons, lait. Partout, les rayons des magasins, même dans les coins les plus reculés du territoire, sont inondés par des produits importés !

Les dépenses en devises, pour les produits semi-finis nécessaires à cette petite industrie, creusent davantage le déficit commercial. Les propriétaires étrangers qui en tirent profit, les placent dans les lieux sûrs, après les avoir convertis en devises étrangères. Donc, tant que cette petite industrie légère est sous le contrôle des expatriés, elle demeure une source de la rareté des devises sur le marché national. Or, le but étant de réduire les importations et d'épargner des devises, le contrôle de la petite industrie locale par les sujets libanais, indiens, chinois, grecs, contribue à la rareté des devises. Il est ainsi utile de mener une réflexion sur le thème afin de dégager les premiers outils d'analyse de l'impact de cette présence sur le déficit courant. Il ne s'agit pas d'empêcher les investissements directs étrangers, mais de déterminer leurs ampleurs et leurs impacts sur les besoins en devises. On ne peut imaginer la réduction du déficit commercial dans un contexte où tout le secteur de distribution est sous le contrôle des expatriés. Les dispositions relatives au commerce de détail accordant la préférence aux nationaux sont désuètes.

3.3. Le choix des secteurs prioritaires

Ce qui vient d'être dit, plus haut, nécessite des choix sectoriels prioritaires. En 2013, le ministre de l'Économie déclarait : « J'ai constaté que mon pays débourse chaque année près de 1,3 milliard de dollars américains pour financer les importations alimentaires. Ce qui n'est pas acceptable pour un pays comme le nôtre, compte tenu des potentialités agricoles naturelles »[112]. Cette assertion de 2013 reste valable à ce jour. Alain Huart, un expert agricole, membre de l'Association des journalistes agricoles du Congo (AJAC), l'a redit en 2011. Jean de Dieu Minengu estime également que les exportations des produits vivriers peuvent rapporter 2 milliards de dollars par an. Ce qui veut

[112] Radio Okapi, 2013.

dire que le pays peut épargner la moitié de 1,3 milliard et gagner en plus 2 milliards. Comment valoriser la production agricole de manière à développer une gamme des produits intégrés dans la chaîne de valeur et parvenir à créer des petites et moyennes entreprises tournées vers la demande nationale ? Ceci nécessite, sans doute, un encadrement à long terme, un aménagement des territoires, une création des marchés de production et un soutien au prix, accompagné de réseaux de distribution au niveau des territoires. Il est impensable que le Congo qui dispose de 80 millions d'hectares des terres arables ne puisse disposer de fermes de grandes tailles[113] et qu'il ne valorise que 10 % de cet espace !

C'est scandaleux que ce pays importe tout : savon, torchon, verre, assiette, cure-dent, fourchette, jus des fruits, habit usagé, farine de maïs, sucre, oignons, tomate, spaghetti, chaise plastique, petits objets de quincaillerie, bougie, lampes torches, pilles, confiture, miel, sachets, papier toilette, canettes de bière, poisson, viande, etc. Quelques objets fabriqués localement sont l'œuvre des expatriés libanais.

La valeur de ces importations alimentaires, nous l'avons dit plus haut, est estimée à 1,3 milliard de dollars par an. Ce chiffre varie en fonction de la pénurie. Bientôt, il n'est pas exclu qu'il importe aussi le manioc, la banane, les légumes frais. N'est-il pas scandaleux que l'aide humanitaire nourrisse les déplacés dans les zones où sévissent les milices ? N'est-il pas scandaleux que des millions des citoyens congolais soient nourris par l'aide alimentaire du Japon, de la Chine ? N'est-il pas scandaleux que quelques sacs du riz donnés par le Japon soient détournés par les ministères qui les vendent dans des boutiques locales ? Pourtant, les rivières, les fleuves, les lacs, les forêts, les prairies de ce géant pays, potentiellement

[113] La ferme de Bukanga-Lonzo s'est arrêtée.

riche, peuvent permettre la production de millions de tonnes de poissons, de fruits et de céréales. Toutes les cultures poussent au Congo à cause de sa diversité de climat. Les récoltes des paysans pourrissent dans les greniers des villages, faute d'être évacuées. Depuis 1966, des plans de développement du secteur agricole foisonnent. Il s'agit de :

a) Plan Intérimaire de Relance Agricole (1966-1972) ;
b) Programme Agricole Minimum (1980-981) ;
c) Plan de Relance Agricole (1982-1984) ;
d) Programme d'Autosuffisance Alimentaire « PRAAL » (1987-1990) ;
e) Plan Directeur de Développement Agricole et Rural (1991-2000) ;
f) Programme national de Relance du Secteur Agricole et Rural « PNSAR » (1997-2001) ;
g) Programme triennal d'appui aux producteurs du secteur agricole (2000-2003) ;
h) Programmes et projets appuyés par la FAO ;
i) Note de politique agricole, avril 2009, avec 11 actions prioritaires.

Cette prolifération explique sans doute l'échec de chacun de ces plans. Rappelons que l'objectif est d'entreprendre un développement industriel endogène. Le pays peut facilement être premier producteur de l'arachide, des noix, des fruits, de la viande, des poissons, des fleurs, des plantes médicinales, du riz, du café, de cacao, de banane, d'ananas, etc., dans un laps de temps. Il peut maîtriser la transformation de ces produits agricoles. Il peut servir aussi bien la demande nationale, régionale que mondiale. Il dispose, comme nous l'avons souligné, de 80 millions d'hectares de terres arables. Il dispose de lacs, de rivières et d'un fleuve de plus de 4700 km de longueur, reliant le sud, l'est, le nord et l'ouest du pays[114]. Tanganyika est aussi l'un des lacs les plus poissonneux.

---

[114] Le fleuve prend sa source au sud du Lualaba, traverse plusieurs

Une étude détaillée par un organisme international en 2009 sur la faisabilité de développement agricole existe[115]. Elle diagnostique le secteur, dresse les statistiques de la production, établit des tableaux intéressants et les bilans. Point n'est besoin d'en faire un résumé pour un document de plus de 200 pages. Ce qui importe est de voir ce qui est faisable en ce qui concerne le début d'une industrie légère dont les résultats peuvent être obtenus au bout de deux ou trois saisons de culture et pêche. Peut-on excuser les responsables politiques (300 ministres dont 260 provinciaux, 500 députés nationaux, 110 sénateurs) qui pullulent dans ce pays, pouvoir central et provincial, et qui ne donnent aucun signe d'aimer le pays. Leurs journées étant consacrées à des discussions vagues dans les salons huppés ! Si on a un peu de bonne volonté, il convient de penser d'abord à l'intériorisation du savoir-faire. Certes, des écoles existent. La main-d'œuvre est abondante et moins coûteuse. Des centres de recherche existent, d'autres laissés par la colonisation se détruisent. Les instituts supérieurs techniques créés pour valoriser les métiers se sont transformés en Universités « fourre-tout ». Les programmes ne sont plus adaptés aux besoins de l'industrie qui, elle-même, est aussi inexistante.

3. 4. Les politiques d'accompagnement

Comment saisir les opportunités et lancer des initiatives locales ? Comment valoriser les centres d'expertises qui existent et orienter leurs priorités vers le développement des secteurs porteurs de richesse ? Par

---

provinces jusqu'à l'embouchure, dans le Congo central, où il se jette dans l'océan.

[115] Tecsult International Limitée/GECT, Rapport préliminaire Bilan-Diagnostic et Note d'Orientation, juin 2009.

exemple, l'INPP (Institut national de préparation professionnelle) peut devenir un incubateur des projets. Il peut se muter et diversifier ses orientations en y incluant les métiers tels que la formation des équipementiers, des techniciens des ponts et chaussées, des exploitants des forêts tropicales, des brasseurs, des fermiers et éleveurs, des pêcheurs, des techniciens de maintenance, des électriciens, des plombiers, des soudeurs, des maçons, etc. Les jeunes formés peuvent s'organiser en coopératives et acquérir des outils de base ainsi que les préfinancements pour créer leurs propres entreprises. Avec l'aide étatique, il est possible de redynamiser les nouvelles initiatives industrielles, à l'image de celles qui ont existé jadis. Ces initiatives diversifiées, jouant aussi le rôle d'incubation, peuvent être connectées à la demande nationale. Elles peuvent donner naissance à l'agro-industrie nationale (transformation et conservation des fruits et légumes), aux centres de traitement des céréales, à la conservation des poissons, etc. Les autres centres de recherche peuvent aussi bénéficier d'une assistance publique et privée en vue d'en faire des lieux d'excellence scientifique ayant pour but de répondre au besoin de développement du pays.

Comment acquérir ces connaissances souvent protégées (droits d'auteur) ? C'est dans ces domaines que la coopération avec les partenaires extérieurs doit être renforcée. Le Japon semble être au premier plan, à travers les projets de coopération qui sont soutenus. Le coup de pouce donné à l'INPP est à encourager. Cette forme de coopération peut être imitée aussi bien par la BAD que par les institutions de Bretton Woods. Les pays de l'Asie du Sud-Est ont suivi le même chemin. Ils ont copié, puis adapté. Leur succès a attiré des capitaux. Au début, ils se sont constitués en ateliers de fabrication pour les marchés étrangers. L'accumulation du savoir jumelée avec les ressources financières propres, au fil du temps, ont permis de se détourner progressivement de l'extérieur et de miser sur l'introversion. Les usines clé en main ont cédé la place à des usines « made in ».

On peut aussi entreprendre à travers l'INPP, la conception des tracteurs, l'assemblage des moteurs pour les bateaux de pêche, le montage des vélos, les fabriques des tissages. On peut aussi apprendre dans ce centre le montage des logiciels informatiques. On peut également y apprendre la fabrication des antennes paraboliques, y compris les panneaux solaires et les appareils de détections. On peut y apprendre les autres petits métiers de fabrication des souliers, de soudure, de fonte des matériaux. La réussite d'une telle ambition réside dans l'intégration (des corps formés) dans des réseaux de chaîne de valeurs.

La naissance de la petite industrie peut trouver un écho au niveau des institutions de financement qui accusent les pays de ne pas disposer de capacité d'absorption de l'aide. Tout en misant sur la régulation des importations, il est idéal de promouvoir les exportations des produits locaux transformés. Les gains obtenus par les recettes des industries minières peuvent être captés et orientés vers le secteur agro-industriel, de manière à soutenir les investissements des infrastructures et la création des marchés intégrés au niveau des régions. Les routes, les ponts, les ports, les chaussées, l'électricité rurale, l'accès à l'eau, le support des prix, peuvent bénéficier de soutien d'une manière régulière. Le FPI peut ainsi renforcer son rôle et disposer d'un programme de suivi des incubateurs de manière à éviter le gaspillage et sortir de son rôle actuel de pourvoyeur des ressources sans mesurer les risques d'insolvabilité, en l'absence d'une réelle politique de financement des projets porteurs.

La stratégie de remontée des filières appliquée en Asie peut se buter, au Congo, à des limites du fait de la globalisation des échanges et de la forte compétitivité qui en découle. Il n'est pas indiqué que les petites industries naissantes affrontent la concurrence/prix. Il est aussi permis d'admettre que l'adaptation et la maîtrise du savoir-faire dans ces filières fait défaut au début. La place occupée par les multinationales dans l'électroménager, les textiles, l'agroalimentaire, etc., donne peu de chance aux petites économies qui cherchent à emboîter les pas aux exemples asiatiques. Tout en laissant la voie au libre-échange et viser la maturité des industrielles locales, quelques mesures protectionnistes peuvent être envisagées, notamment les exonérations fiscales et le soutien à la maîtrise de management.

Toutefois, la diversification verticale des exportations ouvre les portes aux industries naissantes. Compte tenu des potentialités, la montée des filières se présente comme un avantage à saisir pour ce pays. L'huile de palme, le café, le cacao, les haricots verts, les oignons, le ciment, le bois, le poisson, les divers fruits, le coton, etc., offrent des possibilités d'ouverture vers le marché africain. La seconde phase serait celle de l'industrie légère, des pièces détachées, des textiles, des produits cosmétiques, des jus des fruits, des fleurs, etc.

CONCLUSION

Notre préoccupation de départ dans cette étude est de répondre à la question, à savoir : pourquoi les autorités monétaires du Congo-Kinshasa ne parviennent pas à stabiliser le taux de change du franc congolais de manière durable. Depuis 2001 à ce jour, la chute de cette monnaie a pris son cours. De 1,3 FC pour 1 $ en juillet 1998, le taux avoisine 1 700 FC. Les experts du FMI prédisaient qu'il dépasserait 2 000 FC pour 1 $, d'ici 2020, si les conditions de reprise de l'économie ne sont pas réunies. Ils citent notamment le solde extérieur déficitaire, le budget dérisoire de 4 milliards de dollars, et l'inflation galopante. Bien avant cette période, le pays a enregistré également plusieurs réformes monétaires dont la première date de 1963. Les causes et les justifications de ces réformes, depuis la première jusqu'à d'autres, sont les mêmes, qu'il s'agisse de l'ancien franc congolais, de zaïre monnaie, ou du nouveau franc congolais. Les divers choix des régimes : fixe, DTS, flottant n'ont pas empêché les crises. L'analyse de nouveau choix démontre qu'en fait, les crises ne sont pas liées à la nature des régimes de change, mais à la santé générale de l'économie.

Le test de corrélation des 8 variables que nous avons pris en compte, en partant des données de la banque centrale (1980-2016), démontre que toute élévation de l'activité économique de 1 % entraîne une appréciation de la monnaie nationale de 0,16 %. Tandis que toute augmentation de 1 % de l'inflation et de la masse monétaire entraîne la dépréciation de la monnaie respectivement de 0,00031 point par rapport à l'inflation et 0,051 point par rapport à la masse monétaire. Dans ce même ordre d'idée, le test de la Banque mondiale conclut aussi qu'un ralentissement de 1 % du PIB de la Chine (principal partenaire du Congo) entraînerait une réduction des exportations au PIB de 0,31 %. Par suite, la croissance de la RDC baisserait de 0,33 %, le déficit du compte courant au PIB se détériorerait de 0,32 %, les réserves de devises totales seraient inférieures de 106,7 millions de dollars américains au niveau de référence, et le solde budgétaire se détériorerait de 0,01 % du PIB. Ces deux conclusions nous renseignent que la crise de change est due à deux déséquilibres : interne et externe. Le solde entre investissement et épargne est déficitaire. L'extraversion croissante entraîne le déséquilibre des comptes extérieurs. Les deux causes impactent négativement le taux de change. L'analyse démontre également que l'attitude prudentielle des agents économiques ainsi que leur perte de confiance en la monnaie nationale justifient la dollarisation excessive de l'économie congolaise.

Le taux des dépôts et celui des crédits en dollars dépassent 80 % dans les transactions monétaires et financières du pays. La perte de la confiance explique le fait que le dollar est devenu la monnaie refuge : épargne, crédit, dépenses courantes. Les prix sont estimés au taux du jour. Il y a là une sorte d'anticipation de la dépréciation. Celle-ci est une des explications de l'effet d'hystérèse. Les agents économiques ne pouvant se rassurer longtemps de la stabilité, ils se protègent contre les risques et entretiennent un déséquilibre quasi permanent, maintenant le taux de change à son niveau correspondant à la santé de l'économie, c'est-à-dire, très faible, ce en dépit de la maîtrise des principaux facteurs déclencheurs. Nous l'avons démontré en examinant les trois dépréciations les plus récentes de 2001 à 2018.

Aucun instrument classique de politique monétaire ou budgétaire ne peut juguler cette perte, qu'il s'agisse de l'adjudication, de contrôle de change, de réduction de l'expansion de la masse monétaire, de l'élévation du taux des réserves obligatoires, de l'augmentation ou de la baisse de taux d'intérêt, de contrôle forcé du déficit budgétaire, de ciblage de l'inflation ; encore moins de crédit à l'équilibre de la balance des paiements. Chasser le naturel, il revient au galop. Ces instruments sont efficaces dans le contexte où les variations cycliques des fondamentaux sont conjoncturelles et maitrisables à court terme. Des prévisions optimistes élaborées par des experts étrangers n'ont pas eu gain de cause. Dans le cas du Congo-Kinshasa, les variations, nous l'avons dit, correspondent à la faiblesse structurelle de l'économie et à une mauvaise gouvernance. Les regards tournés vers les mines ont ruiné le pays et permis d'enrichir les plus malins, y compris les dirigeants véreux, sans scrupules. La priorité, dans le contexte des économies vulnérables aux divers chocs, est de concevoir des réformes structurelles, d'entreprendre la réduction de la dépendance de ces économies, de privilégier les investissements nationaux tournés vers la demande intérieure, sans précipiter la rupture avec l'extérieur. Car les échanges peuvent constituer une source des réserves. Mais ces réserves doivent être utilisées davantage pour financer le processus de conversion intelligente de l'économie. C'est sur ce point que nous proposons dans ce livre une série des politiques économiques de remise à niveau de l'économie congolaise.

Il existe des centaines d'études réalisées sur l'économie du Congo Kinshasa. Toute une bibliothèque peut en être constituée ! Notre analyse revêt son importance dans la mesure où elle concerne la santé de la monnaie et ses effets sur le reste de l'économie. Elle complète les études antérieures et nécessite une attention particulière pour les décideurs des politiques économiques.

BIBLIOGRAPHIE

1. Agnès Bénassy-Quéré, Sophie Béreau, Valérie Mignon, « Taux de change d'équilibre », *Revue économique*, 2009/3, vol. 60.
2. Ali Abdallah, *Taux de change réel de l'équilibre pour un pays PED, Application au pays du Maghreb*, Paris 12.
3. Antoine Bouverey, Henri Sterdyniak, « Les modèles de taux de change : équilibre de long terme, dynamique et hystérèse », *Revue de l'OFCE*, Presses de Sciences Po, 2005, p. 245-286.
4. Banque mondiale, « Rapport de suivi de la situation économique et financière », 3e édition, 2015, p. 15.
5. Banque mondiale, « Renforcer la Résilience de long terme de la RDC : le rôle de la dédollarisation, de la prospection artisanale et de la diversification économique », 2015.
6. Banque centrale du Congo, « Étude sur l'efficacité de la politique monétaire de la banque centrale du Congo », juillet 2014.
7. Chaker Aloui, Haïthem Sassi, « Régime de change et croissance économique : une investigation empirique », in *Économie Internationale*, 2005/4, no 104 | pages 97-134.
8. Claude Sumata, *La Gestion macroéconomique de la République démocratique du Congo durant et après la Transition démocratique*, éd. L'Harmattan, 2014.
9. Delali Accolley, « Le modèle de Mundell-Fleming dans un régime de taux de change fixe : Théorie et application au Togo », Université de Laval.
10. Éric Mayavangua Dikondo, « Le financement du déficit budgétaire par la dette extérieure : cas de la

RDC », Mémoire de licence, Université libre de Kinshasa, 2008.

11. Eswar Prasad, Kenneth Rogoff, Shang-Jin Wei et M. Ayhan Kose, « Effets de la mondialisation financière sur les pays en développement : Quelques constatations empiriques », in www.nber.org/~wei/data/prwk2003.
12. FEC, « Les mesures de contenance du taux de change et leurs implications socioéconomiques. Feuillet économique/DDE », Études, Doc.Fec/2017, p. 4.
13. FMI, « Les régimes de change dans une économie de plus en plus intégrée », in https://www.imf.org/ 2000.
14. Gastonfils Lonzo Lubu and Fanny Kabwe Omoyi, "Financial intermediation and economic growth in RD Congo", Université de Kinshasa, 2015.
15. Imed Drine, Christophe Rault, « Déterminants de long terme des taux de change réels pour les pays en développement : une comparaison internationale », *Revue d'économie du Développement*, éd. De Boeck, 2005, p. 123-150.
16. Jean-Marie Vianney Dabire, Ernest Bamou, Jean Amisi Mutumbi Kalongania, « La République démocratique du Congo, 2017 », in africaneconomicoutlook.org
17. Jean-Paul Tsasa, V. Kimbambu, « Évolution de la politique monétaire en RDC », Note conjoncturelle, juillet 2012.
18. Jean-François Hoarau, « L'approche microéconomique du taux de change réel d'équilibre : une revue de la littérature théorique », in *L'Actualité économique*, volume 85, numéro 4, décembre 2009.
19. Jean-Paul Kimbambu Tsasa Vangu, « Diagnostic de la politique monétaire en République démocratique du Congo, Approche par l'Équilibre général

dynamique stochastique », *Working Paper* n° 38, April 2014.
20. Jérôme Drunat, Gilles Dufrenot, Laurent Mathieu, « Les théories explicatives du taux de change : de Cassel au début des années quatre-vingt », *Revue française d'économie*, 1994, p. 53-111.
21. Johannes Herderschee, Daniel Mukoko Samba, Moïse Tshimenga Tshibangu ; Banque mondiale, *Résilience d'un géant africain*, vol. 1, Banque mondiale, 2012.
22. Kola Lendele, Joseph Kamanda Komona-Mbinga, « Nature et spécificité de la dollarisation de l'économie congolaise (RDC) », in *Monde en développement*, éd. De Boeck, n° 130, 2005, p. 41-46.
23. Lionel Saisi Bungiena, *Politique monétaire et croissance économique en R.D. Congo*, Éditions universitaires européennes – EUE, 2013.
24. Marie Mazalto, *La réforme du secteur minier en République démocratique du Congo : enjeux de gouvernance et perspectives de reconstruction*, l'Université du Québec à Montréal, 2008, p. 7.
25. Mireille Linjouom, « Estimation du taux de change réel d'équilibre et choix d'un régime de change pour le Cameroun », *Eurisco, Cachier n° 3*, 2004.
26. Mukoko Samba, « Politique économique en RDC : leçons de trois dernières décennies », in www.Congoforum
27. Noël K. Tshiani, « Pour une monnaie nationale crédible au Congo », in Banques & Assurances, 6 juillet 2013.
28. Programme « Initiative Pays pauvre très endetté » avec les institutions de Bretton Woods.
29. Rapport du FMI sur les perspectives économiques régionales, Afrique subsaharienne, octobre 2014.

30. Rapport, « La République démocratique du Congo, rapport annuel, 2017 », in africaneconomicoutlook.org/sites
31. The Economist Intelligence Unit Limited, 2012.
32. Valère Omwami, Relation entre le taux de change et les prix relatifs des biens échangeables en RDC de 1992 à 2009, Mémoire de licence en économie.
33. Virginie Coudert, Cécile Couharde, Valérie Mignon, « Termes de l'échange et taux de change : un lien troublé par les politiques d'ancrage », Lettre de CEPII, n° 285, mars 2009.
34. Xavier Mukamba Bitalengwa, « La dollarisation de l'économie congolaise et son impact socioéconomique sur le revenu des ménages de la commune d'Ibanda (Bukavu) », UNIC.

LES ANNEXES

Annexe 1. Les résultats de l'estimation économétriques

Null Hypothesis : D (DLNTCH) has a unit root
Exogenous : Constant
Lag Length : 0 (Automatic – based on SIC, maxlag=2)

		t-Statistic	Prob.*
Augmented Dickey-Fuller test statistic		-10.11327	0.0000
Test critical values :	1 % level	-3.639407	
	5 % level	-2.951125	
	10 % level	-2.614300	

*MacKinnon (1996) one-sided p-values.

Augmented Dickey-Fuller Test Equation
Dependent Variable : D (DLNTCH,2)
Method : Least Squares
Date : 03/30/18 Time : 22:11
Sample (adjusted) : 1983 2016
Included observations : 34 after adjustments

Variable	Coefficient	Std. Error	t-Statistic	Prob.
D (DLNTCH(-1))	-1.523252	0.150619	-10.11327	0.0000
C	-0.012218	0.226355	-0.053978	0.9573

R-squared	0.761689	Mean dependent var	0.007853
Adjusted R-squared	0.754242	S.D. dependent var	2.662310
S.E. of regression	1.319814	Akaike info criterion	3.449881
Sum squared resid	55.74108	Schwarz criterion	3.539667
Log likelihood	-56.64798	Hannan-Quinn criter.	3.480501
F-statistic	102.2783	Durbin-Watson stat	1.971844
Prob (F-statistic)	0.000000		

Null Hypothesis : LNTECH has a unit root
Exogenous : Constant
Lag Length : 0 (Automatic – based on SIC, maxlag=2)

		t-Statistic	Prob.*
Augmented Dickey-Fuller test statistic		-4.382979	0.0013
Test critical values :	1 % level	-3.626784	
	5 % level	-2.945842	
	10 % level	-2.611531	

*MacKinnon (1996) one-sided p-values.

Augmented Dickey-Fuller Test Equation
Dependent Variable : D (LNTECH)
Method : Least Squares
Date : 03/30/18 Time : 22:12
Sample (adjusted) : 1981 2016
Included observations : 36 after adjustments

Variable	Coefficient	Std. Error	t-Statistic	Prob.
LNTECH(-1)	-0.730344	0.166632	-4.382979	0.0001
C	3.418011	0.780085	4.381589	0.0001

R-squared	0.361028	Mean dependent var	0.011423
Adjusted R-squared	0.342235	S. D. dependent var	0.493180
S.E. of regression	0.399982	Akaike info criterion	1.059158
Sum squared resid	5.439511	Schwarz criterion	1.147132
Log likelihood	-17.06485	Hannan-Quinn criter.	1.089864
F-statistic	19.21050	Durbin-Watson stat	2.030678
Prob (F-statistic)	0.000107		

LNTECH

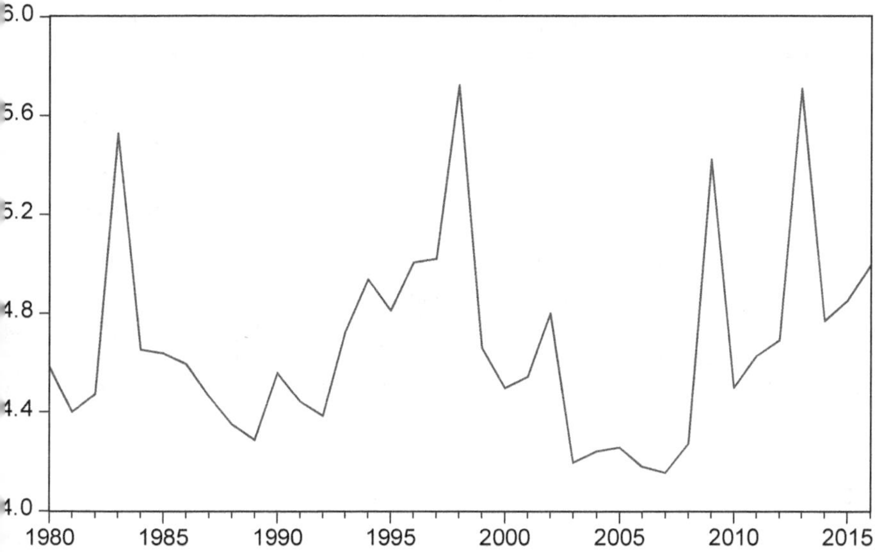

Null Hypothesis : D(TCE) has a unit root
Exogenous : Constant
Lag Length : 0 (Automatic – based on SIC, maxlag=2)

		t-Statistic	Prob.*
Augmented Dickey-Fuller test statistic		-5.538419	0.0001
Test critical values :	1 % level	-3.632900	
	5 % level	-2.948404	
	10 % level	-2.612874	

*MacKinnon (1996) one-sided p-values.

Augmented Dickey-Fuller Test Equation
Dependent Variable : D(TCE,2)
Method : Least Squares
Date : 03/30/18 Time : 22:14
Sample (adjusted) : 1982 2016

Included observations : 35 after adjustments

Variable	Coefficient	Std. Error	t-Statistic	Prob.
D(TCE(-1))	-0.988915	0.178555	-5.538419	0.0000
C	0.000515	0.598331	0.000860	0.9993

R-squared	0.481736	Mean dependent var	-0.132000
Adjusted R-squared	0.466031	S.D. dependent var	4.840275
S.E. of regression	3.536943	Akaike info criterion	5.419848
Sum squared resid	412.8289	Schwarz criterion	5.508725
Log likelihood	-92.84734	Hannan-Quinn criter.	5.450528
F-statistic	30.67408	Durbin-Watson stat	1.927855
Prob (F-statistic)	0.000004		

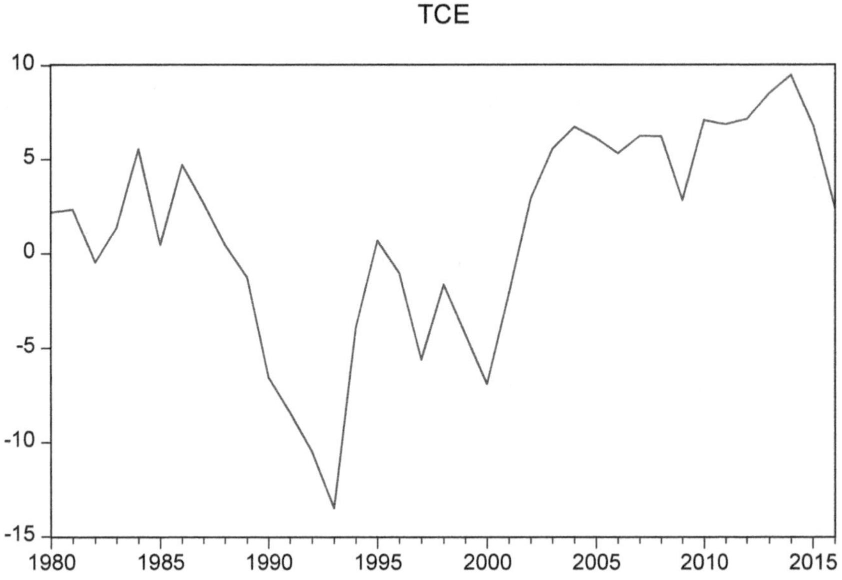

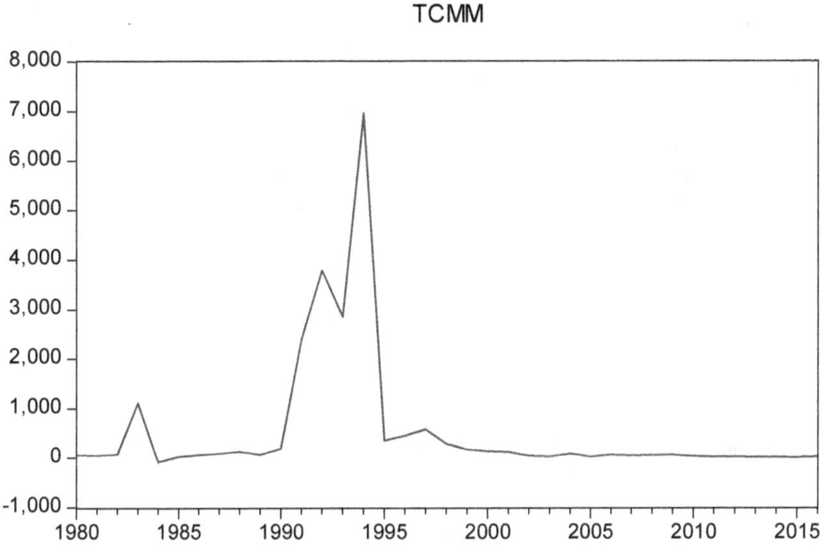

Null Hypothesis : TCMM has a unit root
Exogenous : Constant
Lag Length : 0 (Automatic – based on SIC, maxlag=2)

		t-Statistic	Prob.*
Augmented Dickey-Fuller test statistic		-3.483797	0.0143
Test critical values :	1 % level	-3.626784	
	5 % level	-2.945842	
	10 % level	-2.611531	

*MacKinnon (1996) one-sided p-values.

Augmented Dickey-Fuller Test Equation
Dependent Variable : D(TCMM)
Method : Least Squares
Date : 03/30/18 Time : 22:16
Sample (adjusted) : 1981 2016
Included observations : 36 after adjustments

Variable	Coefficient	Std. Error	t-Statistic	Prob.

TCMM(-1)	-0.526454	0.151115	-3.483797	0.0014
C	297.5637	223.8441	1.329335	0.1926

R-squared	0.263062	Mean dependent var	-1.177694
Adjusted R-squared	0.241387	S.D. dependent var	1424.372
S.E. of regression	1240.605	Akaike info criterion	17.13854
Sum squared resid	52329446	Schwarz criterion	17.22651
Log likelihood	-306.4937	Hannan-Quinn criter.	17.16924
F-statistic	12.13684	Durbin-Watson stat	2.223062
Prob (F-statistic)	0.001381		

Null Hypothesis : TINF has a unit root
Exogenous : Constant
Lag Length : 0 (Automatic – based on SIC, maxlag=2)

		t-Statistic	Prob.*
Augmented Dickey-Fuller test statistic		-5.393834	0.0001
Test critical values :	1 % level	-3.626784	
	5 % level	-2.945842	
	10 % level	-2.611531	

*MacKinnon (1996) one-sided p-values.

Augmented Dickey-Fuller Test Equation
Dependent Variable : D(TINF)
Method : Least Squares
Date : 03/30/18 Time : 22:18
Sample (adjusted) : 1981 2016
Included observations : 36 after adjustments

Variable	Coefficient	Std. Error	t-Statistic	Prob.
TINF(-1)	-0.922279	0.170988	-5.393834	0.0000
C	908.6421	693.4313	1.310356	0.1989

R-squared	0.461117	Mean dependent var	-0.738889
Adjusted R-squared	0.445267	S.D. dependent var	5418.528
S.E. of regression	4035.740	Akaike info criterion	19.49772

Sum squared resid	5.54E+08	Schwarz criterion	19.58569
Log likelihood	-348.9590	Hannan-Quinn criter.	19.52842
F-statistic	29.09344	Durbin-Watson stat	2.022587
Prob (F-statistic)	0.000005		

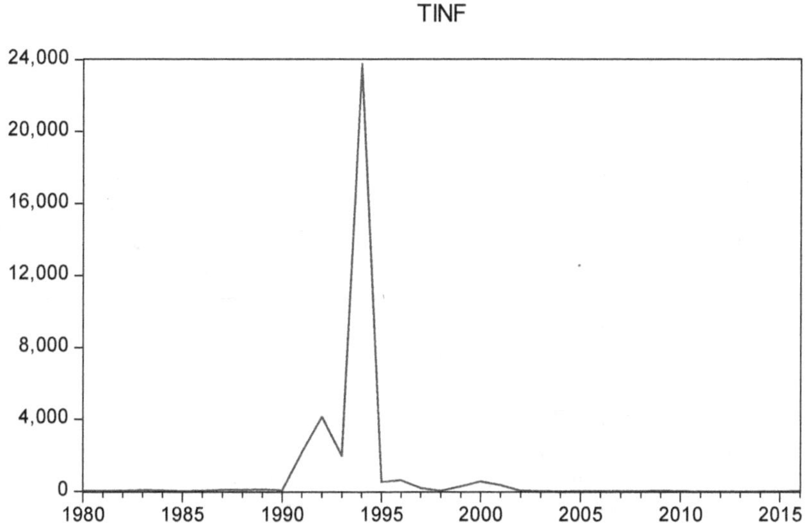

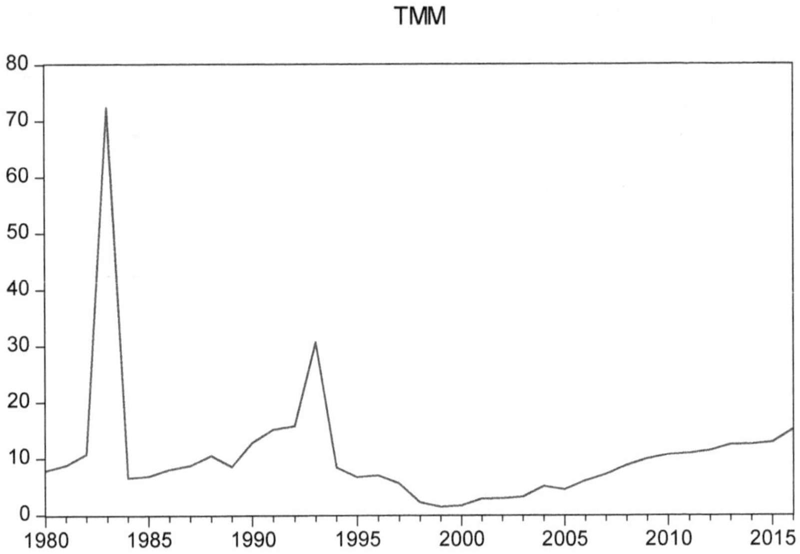

Null Hypothesis : TMM has a unit root
Exogenous : Constant
Lag Length : 0 (Automatic – based on SIC, maxlag=2)

		t-Statistic	Prob.*
Augmented Dickey-Fuller test statistic		-5.296183	0.0001
Test critical values :	1 % level	-3.626784	
	5 % level	-2.945842	
	10 % level	-2.611531	

*MacKinnon (1996) one-sided p-values.

Augmented Dickey-Fuller Test Equation
Dependent Variable : D(TMM)
Method : Least Squares
Date : 03/30/18 Time : 22:22
Sample (adjusted) : 1981 2016
Included observations : 36 after adjustments

Variable	Coefficient	Std. Error	t-Statistic	Prob.

TMM(-1)	-0.905466	0.170966	-5.296183	0.0000
C	9.713687	2.685755	3.616743	0.0010

R-squared	0.452051	Mean dependent var	0.201639
Adjusted R-squared	0.435935	S.D. dependent var	15.95299
S.E. of regression	11.98138	Akaike info criterion	7.858537
Sum squared resid	4880.817	Schwarz criterion	7.946510
Log likelihood	-139.4537	Hannan-Quinn criter.	7.889242
F-statistic	28.04956	Durbin-Watson stat	2.004652
Prob (F-statistic)	0.000007		

TSB

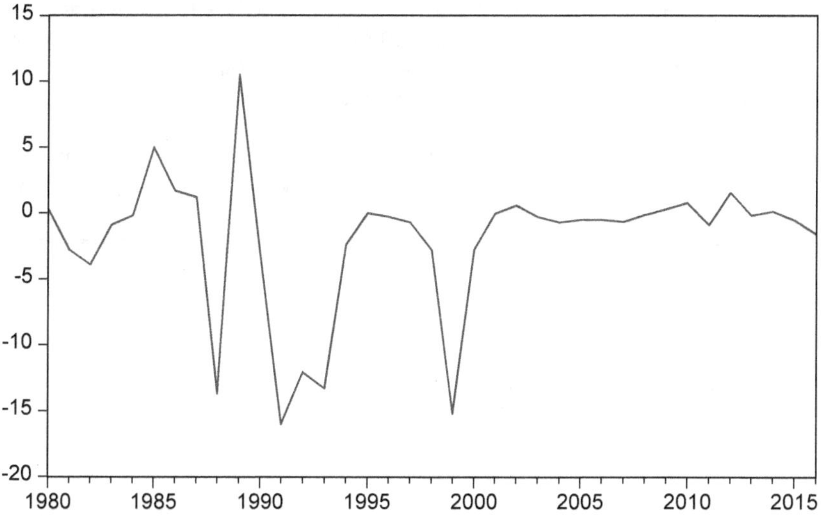

Null Hypothesis : TSB has a unit root
Exogenous : Constant
Lag Length : 0 (Automatic – based on SIC, maxlag=2)

		t-Statistic	Prob.*
Augmented Dickey-Fuller test statistic		-4.812094	0.0004
Test critical values :	1 % level	-3.626784	
	5 % level	-2.945842	
	10 % level	-2.611531	

*MacKinnon (1996) one-sided p-values.

Augmented Dickey-Fuller Test Equation
Dependent Variable : D(TSB)
Method : Least Squares
Date : 03/30/18 Time : 22:24
Sample (adjusted) : 1981 2016
Included observations : 36 after adjustments

Variable	Coefficient	Std. Error	t-Statistic	Prob.
TSB(-1)	-0.807762	0.167861	-4.812094	0.0000
C	-1.678914	0.968354	-1.733782	0.0920

R-squared	0.405139	Mean dependent var	-0.052778
Adjusted R-squared	0.387643	S.D. dependent var	6.958003
S.E. of regression	5.444861	Akaike info criterion	6.281174
Sum squared resid	1007.981	Schwarz criterion	6.369148
Log likelihood	-111.0611	Hannan-Quinn criter.	6.311879
F-statistic	23.15625	Durbin-Watson stat	1.985693
Prob(F-statistic)	0.000030		

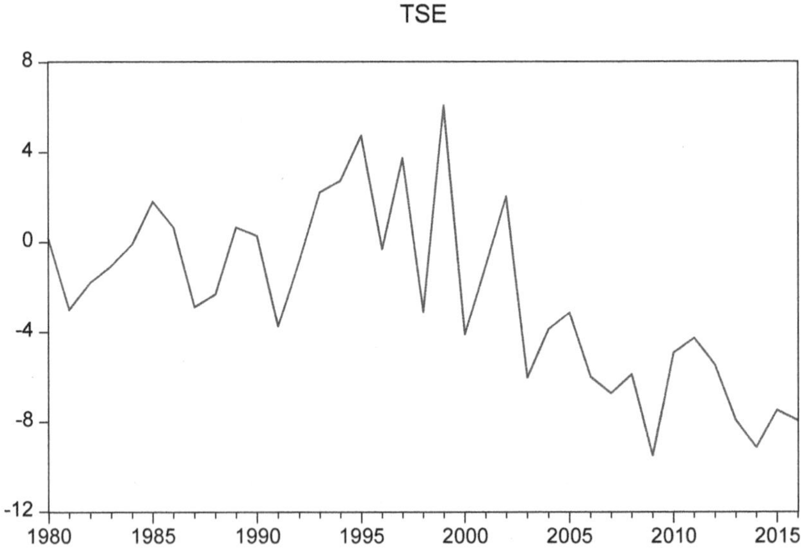

Null Hypothesis : D(TSE) has a unit root
Exogenous : Constant
Lag Length : 1 (Automatic – based on SIC, maxlag=2)

		t-Statistic	Prob.*
Augmented Dickey-Fuller test statistic		-6.957494	0.0000
Test critical values :	1 % level	-3.639407	
	5 % level	-2.951125	
	10 % level	-2.614300	

*MacKinnon (1996) one-sided p-values.

Augmented Dickey-Fuller Test Equation
Dependent Variable : D(TSE,2)
Method : Least Squares
Date : 03/30/18 Time : 22:26
Sample (adjusted) : 1983 2016
Included observations : 34 after adjustments

Variable	Coefficient	Std. Error	t-Statistic	Prob.
D(TSE(-1))	-2.105318	0.302597	-6.957494	0.0000
D(TSE(-1),2)	0.323641	0.169104	1.913856	0.0649
C	-0.371635	0.522771	-0.710895	0.4825

R-squared	0.816949	Mean dependent var	-0.048824
Adjusted R-squared	0.805140	S.D. dependent var	6.856721
S.E. of regression	3.026762	Akaike info criterion	5.136961
Sum squared resid	283.9999	Schwarz criterion	5.271640
Log likelihood	-84.32834	Hannan-Quinn criter.	5.182890
F-statistic	69.17601	Durbin-Watson stat	2.067528
Prob(F-statistic)	0.000000		

Pairwise Granger Causality Tests
Date : 03/30/18 Time : 22:28
Sample : 1980 2016
Lags : 2

Null Hypothesis :	Obs	F-Statistic	Prob.
DTCE does not Granger Cause DDLNTCH	**33**	**10.4126**	**0.0004**
DDLNTCH does not Granger Cause DTCE		0.62986	0.5400
DTSE does not Granger Cause DDLNTCH	33	0.24014	0.7881
DDLNTCH does not Granger Cause DTSE		0.43763	0.6499
LNTECH does not Granger Cause DDLNTCH	33	1.27773	0.2944
DDLNTCH does not Granger Cause LNTECH		0.14183	0.8684
TCMM does not Granger Cause DDLNTCH	33	0.52496	0.5973
DDLNTCH does not Granger Cause TCMM		0.09788	0.9071
TINF does not Granger Cause DDLNTCH	33	2.32723	0.1161
DDLNTCH does not Granger Cause TINF		0.03875	0.9620
TMM does not Granger Cause DDLNTCH	33	0.52144	0.5993
DDLNTCH does not Granger Cause TMM		2.27132	0.1219
TSB does not Granger Cause DDLNTCH	**33**	**3.60282**	**0.0405**
DDLNTCH does not Granger Cause TSB		0.40285	0.6722
DTSE does not Granger Cause DTCE	34	0.42284	0.6592
DTCE does not Granger Cause DTSE		2.93824	0.0689
LNTECH does not Granger Cause DTCE	34	1.99035	0.1549
DTCE does not Granger Cause LNTECH		0.49451	0.6149
TCMM does not Granger Cause DTCE	34	0.97707	0.3885
DTCE does not Granger Cause TCMM		**10.2518**	**0.0004**
TINF does not Granger Cause DTCE	34	0.81831	0.4511

DTCE does not Granger Cause TINF		2.81311	0.0765
TMM does not Granger Cause DTCE	34	1.78464	0.1858
DTCE does not Granger Cause TMM		1.26826	0.2965
TSB does not Granger Cause DTCE	34	0.82498	0.4483
DTCE does not Granger Cause TSB		1.03769	0.3671
LNTECH does not Granger Cause DTSE	34	0.49379	0.6153
DTSE does not Granger Cause LNTECH		0.79819	0.4598
TCMM does not Granger Cause DTSE	34	2.78931	0.0780
DTSE does not Granger Cause TCMM		0.06384	0.9383
TINF does not Granger Cause DTSE	34	1.55559	0.2282
DTSE does not Granger Cause TINF		1.19817	0.3162
TMM does not Granger Cause DTSE	**34**	**3.85907**	**0.0327**
DTSE does not Granger Cause TMM		0.39375	0.6781
TSB does not Granger Cause DTSE	**34**	**3.41399**	**0.0466**
DTSE does not Granger Cause TSB		0.58467	0.5637
TCMM does not Granger Cause LNTECH	35	0.45822	0.6368
LNTECH does not Granger Cause TCMM		0.95650	0.3956
TINF does not Granger Cause LNTECH	35	0.35515	0.7040
LNTECH does not Granger Cause TINF		0.34337	0.7121
TMM does not Granger Cause LNTECH	35	0.04211	0.9588
LNTECH does not Granger Cause TMM		0.90977	0.4134
TSB does not Granger Cause LNTECH	35	0.47914	0.6240
LNTECH does not Granger Cause TSB		0.30526	0.7392
TINF does not Granger Cause TCMM	**35**	**25.2844**	**4.E-07**
TCMM does not Granger Cause TINF		**27.8336**	**1.E-07**
TMM does not Granger Cause TCMM	35	0.86821	0.4300
TCMM does not Granger Cause TMM		0.09290	0.9115
TSB does not Granger Cause TCMM	**35**	**5.79474**	**0.0074**

TCMM does not Granger Cause TSB		0.64074	0.5340

TMM does not Granger Cause TINF	35	1.59601	0.2194
TINF does not Granger Cause TMM		0.04453	0.9565
TSB does not Granger Cause TINF	**35**	**5.74320**	**0.0077**
TINF does not Granger Cause TSB		0.01246	0.9876
TSB does not Granger Cause TMM	35	0.25820	0.7741
TMM does not Granger Cause TSB		0.43236	0.6530

Dependent Variable : DDLNTCH
Method : Least Squares
Date : 03/30/18 Time : 22:42
Sample (adjusted) : 1982 2016
Included observations : 35 after adjustments

Variable	Coefficient	Std. Error	t-Statistic	Prob.
C	1.535271	2.596961	0.591180	0.5593
DTCE	-0.167626	0.071714	-2.337423	0.0271
DTSE	-0.077096	0.057386	-1.343472	0.1903
LNTECH	-0.491174	0.568305	-0.864280	0.3950
TCMM	-0.000521	0.000497	-1.048959	0.3035
TINF	0.000391	0.000164	2.386079	0.0243
TMM	0.057124	0.022383	2.552104	0.0167
TSB	-0.017705	0.050719	-0.349080	0.7297

R-squared	0.465148	Mean dependent var	-0.010286
Adjusted R-squared	0.326482	S.D. dependent var	1.502870
S.E. of regression	1.233377	Akaike info criterion	3.455021
Sum squared resid	41.07294	Schwarz criterion	3.810529
Log likelihood	-52.46287	Hannan-Quinn criter.	3.577743
F-statistic	3.354458	Durbin-Watson stat	2.393021
Prob(F-statistic)	0.010530		

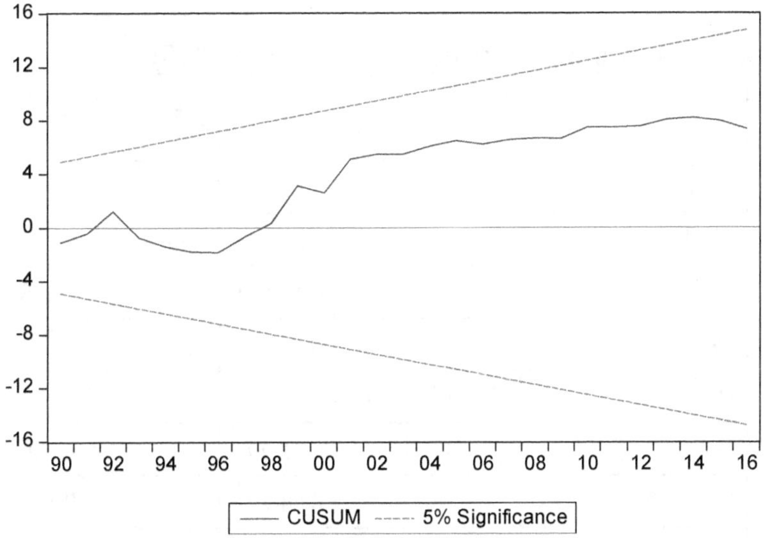
16
12
8
4
0
-4
-8
-12
-16
90
92
94
96
98
00
02
04
06
08
10
12
14
16
CUSUM
5% Significance

ANNEXE 2. Évolution de la balance des paiements

Balance commerciale de la RDC (1960-2020)

Années	Valeurs	Variations (%) **
1960	-16 815 337	
1961	14 527 634	-186,40
1962	11 649 276	-19,81
1963	7 075 977	-39,26
1964	-109 545 336	-1 648,13
1965	-52 981 777	-51,63
1966	-312 818 236	490,43
1967	-27 763 696	-91,12
1968	-30 732 774	10,69
1969	-52 678 282	71,41
1970	-134 807 758	155,91
1971	-357 907 823	165,49
1972	-279 441 108	-21,92
1973	-191 616 831	-31,43
1974	-273 453 178	42,71
1975	-524 950 077	91,97
1976	-723 256 677	37,78
1977	-1 153 531 819	59,49
1978	484 449 606	-142,00
1979	392 882 867	-18,90

1980	18 218 955	-95,36
1981	-376 269 451	-2 165,26
1982	-246 140 355	-34,58
1983	-115 857 699	-52,93
1984	-8 195 231	-92,93
1985	135 031 600	-1 747,69
1986	55 005 943	-59,26
1987	-220 682 699	-501,20
1988	-205 850 424	-6,72
1989	58 736 823	-128,53
1990	27 977 851	-52,37
1991	-340 316 826	-1 316,38
1992	-69 444 429	-79,59
1993	237 590 816	-442,13
1994	159 122 477	-33,03
1995	268 404 528	68,68
1996	-17 933 675	-106,68
1997	228 406 523	-1 373,62
1998	-192 629 263	-184,34
1999	287 089 027	-249,04
2000	-785 507 246	-373,61
2001	-79 333 333	-89,90
2002	176 816 093	-322,88
2003	-538 977 310	-404,82
2004	-399 273 348	-25,92

2005	-376 444 373	-5,72
2006	-855 473 461	127,25
2007	-1 101 307 097	28,74
2008	-1 131 251 164	2,72
2009	-1 737 743 846	53,61
2010	-1 013 087 828	-41,70
2011	-1 021 774 103	0,86
2012	-1 503 586 308	47,15
2013	-2 379 714 465	58,27
2014	-3 107 114 684	30,57
2015	-2 707 053 218	-12,88
2016	-1 380 030 700	-49,02
2017*	-2 629 454 063	90,54
2018*	-2 804 570 761	6,66
2019*	-2 979 687 458	6,24
2020*	-3 154 804 156	5,88

* Projection à partir d'une tendance linéaire des cinq dernières valeurs réelles. L'équation de régression est construite ainsi : constante = 3.50580924996267E11, coefficient de régression = -1.751166976E8. Le calcul est simple : au produit de l'année par le coefficient de régression, on additionne la constante. On obtient alors la valeur estimée.
**La variation est entre deux valeurs consécutives.

Source : Revue Perspective monde, Université de Sherbrooke.

ANNEXE 3 : Taux de change FC/USD (91-01-01/2018-02-16)

Mois	Moyenne USD/CDF=	Min USD/CDF=	Max USD/CDF=	Nb jours ouvrés
2/2018	1583.508531	1570.434966	1598.304416	12
1/2018	1591.518150	1588.351596	1596.893225	22
12/2017	1587.650458	1573.638923	1595.624005	19
11/2017	1574.858408	1569.958851	1584.038790	22
10/2017	1567.370621	1564.255311	1575.126417	22
9/2017	1558.121150	1553.426456	1564.735041	21
8/2017	1588.439831	1548.977316	1641.097520	23
7/2017	1555.197961	1489.985598	1613.542832	21
6/2017	1448.589085	1407.578849	1488.315454	22
5/2017	1411.668930	1397.338420	1427.798319	22
4/2017	1378.100255	1356.052468	1400.119048	18
3/2017	1330.323717	1297.179122	1360.121694	23
2/2017	1285.769091	1255.132718	1308.967908	20
1/2017	1093.513369	1075.027408	1269.638260	22
12/2016	1059.239624	1004.797266	1080.332558	21
11/2016	1020.639977	1004.783112	1028.536711	22
10/2016	1002.666505	967.843179	1028.611375	21
9/2016	979.328102	956.086266	991.653704	22
8/2016	979.354787	965.030823	994.455529	23
7/2016	954.215085	936.887587	982.410103	21
6/2016	932.284184	894.051471	955.754045	22
5/2016	923.228182	912.940825	929.962047	22
4/2016	921.273403	907.035421	928.789133	21
3/2016	923.890656	915.938951	928.911838	21
2/2016	924.215334	913.073481	928.145133	21
1/2016	923.781580	908.035813	928.137057	20

12/2015	922.464257	908.902793	928.821268	22
11/2015	923.037477	910.992261	928.112133	21
10/2015	923.016869	907.957583	930.232558	22
9/2015	924.930383	915.304220	928.010401	22
8/2015	925.423731	913.596959	928.612529	21
7/2015	927.002625	921.903174	928.673954	23
6/2015	926.167078	913.386668	928.955847	22
5/2015	917.987370	907.218623	925.692959	20
4/2015	923.496209	912.465097	928.179855	20
3/2015	921.449194	912.877737	927.683666	22
2/2015	921.483498	910.219743	928.324293	20
1/2015	923.823900	912.218971	927.914256	21
12/2014	923.006954	910.115157	928.226039	21
11/2014	922.610322	909.207530	931.400215	20
10/2014	921.015501	909.143967	928.924270	23
9/2014	921.059437	909.390153	924.763621	22
8/2014	921.275440	906.510951	923.881786	21
7/2014	921.196484	909.748832	925.332707	23
6/2014	921.438316	914.112327	923.880816	21
5/2014	921.490020	909.106753	927.538680	21
4/2014	920.125472	913.174737	924.529948	20
3/2014	917.273830	908.029744	925.002177	21
2/2014	922.129852	911.706393	924.010801	20
1/2014	922.463468	913.335043	924.703543	22
12/2013	919.086051	908.997925	928.135490	20
11/2013	920.469229	908.222207	927.821551	21
10/2013	921.398428	907.998824	925.185621	23
9/2013	921.460069	912.944274	925.699617	21
8/2013	917.869907	913.474803	924.435803	22
7/2013	920.070918	912.597446	925.920151	23
6/2013	918.005263	913.797352	921.318111	20

5/2013	917.398402	913.161843	920.806468	22
4/2013	916.557189	911.360058	921.545676	21
3/2013	916.794922	911.566258	921.271583	20
2/2013	916.367105	910.981246	920.881804	20
1/2013	915.446814	910.400852	919.521900	22
12/2012	915.597068	911.346207	922.728331	19
11/2012	915.078509	900.506139	922.751796	22
10/2012	915.926806	910.161219	919.507146	23
9/2012	910.194148	902.736326	930.274774	20
8/2012	904.782107	902.951317	909.193480	23
7/2012	905.702078	899.564358	929.908985	22
6/2012	911.171845	901.931410	936.184179	21
5/2012	910.327781	904.024409	928.252986	22
4/2012	911.265048	902.347311	928.999072	19
3/2012	909.937050	899.916099	929.436606	22
2/2012	910.364513	900.094472	929.932259	21
1/2012	906.449805	898.908602	930.033119	22
12/2011	905.707481	897.890106	911.485864	21
11/2011	909.715853	900.144610	915.207727	22
10/2011	915.490718	903.774265	932.152308	21
9/2011	914.993711	905.034644	924.717857	22
8/2011	911.466235	899.779836	916.889225	23
7/2011	910.736160	900.260075	920.205165	21
6/2011	908.200428	899.902695	924.405413	22
5/2011	912.021445	909.413044	915.478366	22
4/2011	910.344062	904.656377	915.795522	19
3/2011	911.417634	899.882825	920.964382	23
2/2011	913.439540	904.378771	920.166662	20
1/2011	908.085172	899.998526	915.308660	21
12/2010	896.161403	879.900087	915.163945	23
11/2010	901.527712	894.890472	909.810233	22

10/2010	898.761573	874.694717	912.776749	21
9/2010	881.327421	875.305438	890.012853	22
8/2010	890.572485	884.234565	910.997488	22
7/2010	892.841688	884.799533	909.820371	22
6/2010	889.362861	872.883095	910.947106	22
5/2010	922.802060	869.829437	975.776091	21
4/2010	896.427258	874.893068	915.306984	20
3/2010	908.813932	874.910889	929.942128	23
2/2010	901.279541	894.780260	910.433542	20
1/2010	892.441209	884.934891	909.468295	20
12/2009	887.501763	879.527214	891.783706	22
11/2009	872.634975	855.159908	884.955749	21
10/2009	840.004386	824.805929	865.807394	22
9/2009	787.446279	772.685318	812.423987	22
8/2009	774.781225	755.034727	790.188971	21
7/2009	736.598057	724.728449	760.403162	23
6/2009	738.618001	719.870372	759.872623	22
5/2009	765.323250	749.679160	790.131755	20
4/2009	812.247569	775.226488	847.368742	20
3/2009	745.431927	705.038266	785.334284	22
2/2009	691.802602	665.863841	715.398794	20
1/2009	649.053846	557.657334	685.648708	21
12/2008	565.353483	541.739051	600.030090	21
11/2008	555.762197	550.703720	558.447313	20
10/2008	555.434954	551.166906	557.838127	23
9/2008	555.918837	551.971598	558.574162	22
8/2008	556.359544	551.769140	558.873730	21
7/2008	553.614230	541.413046	557.171149	23
6/2008	551.435720	541.451011	552.646126	21
5/2008	551.845433	539.247093	557.021345	21
4/2008	552.105344	550.184352	556.150585	22

3/2008	551.347540	545.943395	552.625366	19
2/2008	548.970729	548.630712	549.362555	21
1/2008	549.571680	549.266444	550.086957	22
12/2007	556.374328	555.250026	556.718973	19
11/2007	560.113726	559.566181	561.702803	22
10/2007	560.186041	559.267400	563.738682	23
9/2007	559.764464	555.738296	560.208785	20
8/2007	559.996490	559.770894	560.314938	23
7/2007	557.532994	557.337427	557.938307	22
6/2007	554.953900	554.465770	555.235400	21
5/2007	554.969611	554.786123	555.393835	22
4/2007	567.006927	566.789396	567.254939	19
3/2007	443.909347	430.828859	564.926022	22
2/2007	430.941257	430.072258	431.805432	20
1/2007	430.968000	430.809593	431.213191	22
12/2006	431.757356	430.909215	432.120722	19
11/2006	432.013701	431.557542	432.734900	22
10/2006	432.008187	431.760021	432.250463	22
9/2006	431.893097	430.046394	432.194633	21
8/2006	431.988575	431.648988	432.136877	23
7/2006	432.536657	431.771823	442.617309	21
6/2006	431.957841	431.420228	432.255749	22
5/2006	432.017001	431.681198	432.429941	22
4/2006	431.862131	430.891791	432.446519	18
3/2006	431.316625	429.883062	432.175920	23
2/2006	433.331686	430.009347	437.446861	20
1/2006	439.174444	435.088787	446.593611	22
12/2005	446.888357	436.995636	457.171384	21
11/2005	459.800230	455.910138	465.998799	22
10/2005	460.208888	452.068041	462.601476	21
9/2005	469.409743	459.370635	477.098479	22

8/2005	493.171271	477.132893	497.052922	23
7/2005	500.939657	489.706789	529.944536	21
6/2005	505.458261	482.776828	513.817412	22
5/2005	512.976133	506.003177	520.787970	22
4/2005	440.004256	433.175914	478.580535	21
3/2005	433.493764	433.183216	433.597927	21
2/2005	433.509931	433.233544	433.889494	20
1/2005	425.660371	416.688347	433.731829	21
12/2004	417.099827	416.806023	417.807870	23
11/2004	390.351831	382.045852	417.094763	22
10/2004	382.528653	382.236365	382.835168	21
9/2004	395.928573	382.479238	396.954823	22
8/2004	391.395279	385.405449	396.512896	22
7/2004	382.901925	377.939920	392.781894	22
6/2004	394.923041	385.092437	400.048303	22
5/2004	391.026551	382.994611	397.319589	21
4/2004	394.120540	382.373157	403.734050	20
3/2004	376.987675	369.583610	389.531129	23
2/2004	374.473293	367.237158	382.467825	20
1/2004	371.919863	366.913764	379.158321	21
12/2003	367.861301	362.341928	373.262144	21
11/2003	373.627934	364.623605	387.450839	20
10/2003	420.126535	378.150639	426.315155	23
9/2003	404.343281	387.972606	421.745050	22
8/2003	425.890751	417.313225	439.977245	21
7/2003	422.196140	409.916711	431.018934	23
6/2003	414.118421	402.910055	427.574916	21
5/2003	400.882752	388.584444	412.238147	21
4/2003	412.223608	400.790916	433.464373	20
3/2003	425.364011	413.981949	433.956481	21
2/2003	429.415750	426.632220	431.892397	20

1/2003	363.431436	342.370674	374.328330	22
12/2002	377.039151	331.901746	401.883294	20
11/2002	396.505797	377.141568	407.578204	21
10/2002	363.468805	340.197584	382.185726	23
9/2002	352.372546	338.952410	361.167095	21
8/2002	343.760033	335.756405	348.835172	22
7/2002	335.394662	320.728337	345.681291	23
6/2002	333.041738	318.219396	346.417834	20
5/2002	310.150954	299.680665	320.718933	22
4/2002	315.416007	302.579110	319.044644	21
3/2002	330.396195	314.027288	341.608278	20
2/2002	335.653745	329.767495	341.529303	20
1/2002	318.327826	301.741921	336.630916	22
12/2001	317.386253	304.317126	326.561282	19
11/2001	278.500659	211.465525	318.472690	22
10/2001	212.386295	208.780321	216.462459	23
9/2001	211.183938	207.541469	217.244707	20
8/2001	213.689132	208.735013	219.525491	23
7/2001	223.564884	218.776513	229.449174	22
6/2001	225.487691	222.085186	227.253618	21
5/2001	220.115641	215.203253	226.851636	22
4/2001	215.747685	212.987365	219.300260	19
3/2001	211.593619	205.457853	217.810448	22
2/2001	208.743936	204.106300	212.422910	20
1/2001	205.055305	201.540270	210.332591	22
12/2000	24.452057	23.556966	25.107653	19
11/2000	25.612222	25.122034	26.090335	22
10/2000	25.656165	24.916536	26.577236	22
9/2000	25.154244	24.368373	25.874865	21
8/2000	24.261139	23.673937	24.625573	23
7/2000	23.342781	22.984212	23.797239	21

6/2000	23.108215	22.684666	23.514029	22
5/2000	24.212609	23.433631	24.711589	22
4/2000	23.167583	22.672940	24.140380	18
3/2000	22.743203	22.551707	22.981804	23
2/2000	22.303595	21.783408	22.752916	21
1/2000	21.640559	21.112375	22.399689	21
12/1999	4.641479	4.581635	4.684110	23
11/1999	4.538421	4.437322	4.655291	22
10/1999	4.382057	4.316070	4.487837	21
9/1999	4.467900	4.391627	4.536005	22
8/1999	4.424579	4.347268	4.496441	22
7/1999	4.532963	4.385059	4.633679	22
6/1999	4.520600	4.478839	4.563362	22
5/1999	4.414242	4.344047	4.486550	21
4/1999	4.382722	4.316864	4.433547	22
3/1999	4.310765	4.260022	4.387520	23
2/1999	4.186184	4.136075	4.276722	20
1/1999	4.040693	3.978911	4.120816	21
12/1998	1.514489	1.497947	1.525488	23
11/1998	1.524252	1.499250	1.546181	21
10/1998	1.486764	1.464171	1.506824	22
9/1998	1.538030	1.505724	1.581382	22
8/1998	1.611152	1.592779	1.625337	21
7/1998	1.617177	1.591451	1.642653	23
6/1998	1.611224	1.596160	1.632229	22
5/1998	1.601025	1.588189	1.612651	21
4/1998	1.627321	1.608806	1.658495	22
3/1998	1.636725	1.622173	1.649094	22
2/1998	1.630552	1.612973	1.644906	20
1/1998	1.630586	1.601316	1.650474	22
12/1997	1.480236	1.472642	1.491852	23

11/1997	1.444536	1.423919	1.468949	20
10/1997	1.469144	1.433931	1.488546	23
9/1997	1.496428	1.472735	1.522928	22
8/1997	1.534420	1.500161	1.568563	21
7/1997	1.489945	1.454795	1.533000	23
6/1997	1.447930	1.440382	1.459375	21
5/1997	1.433099	1.417834	1.452432	22
4/1997	1.437464	1.406120	1.454101	22
3/1997	1.430022	1.416626	1.446331	21
2/1997	1.411851	1.388573	1.433918	20
1/1997	1.351955	1.307915	1.395260	23
12/1996	0.527579	0.522606	0.531099	22
11/1996	0.516542	0.512344	0.522391	21
10/1996	0.524131	0.516917	0.528147	23
9/1996	0.519739	0.513333	0.525161	21
8/1996	0.514005	0.511184	0.516998	22
7/1996	0.519133	0.509691	0.526003	23
6/1996	0.526417	0.522594	0.529415	20
5/1996	0.529152	0.523910	0.532966	23
4/1996	0.521252	0.514859	0.528910	22
3/1996	0.514739	0.513037	0.517416	21
2/1996	0.511861	0.505759	0.518633	21
1/1996	0.510262	0.500569	0.521351	23
12/1995	0.066245	0.065744	0.066749	21
11/1995	0.065271	0.064753	0.066163	22
10/1995	0.065353	0.064438	0.066005	22
9/1995	0.067055	0.065435	0.068117	21
8/1995	0.066274	0.063945	0.068247	23
7/1995	0.064251	0.063660	0.064874	21
6/1995	0.064916	0.064193	0.066163	22
5/1995	0.065435	0.063816	0.067114	23

4/1995	0.064472	0.063730	0.065431	20
3/1995	0.065613	0.064505	0.067557	23
2/1995	0.068657	0.067359	0.069767	20
1/1995	0.069642	0.068536	0.070707	22
12/1994	0.010960	0.010831	0.011019	22
11/1994	0.010714	0.010408	0.010927	22
10/1994	0.010568	0.010373	0.010807	21
9/1994	0.010785	0.010718	0.010989	22
8/1994	0.010893	0.010701	0.011023	23
7/1994	0.010905	0.010644	0.011094	21
6/1994	0.011260	0.010954	0.011515	22
5/1994	0.011446	0.011334	0.011591	22
4/1994	0.011680	0.011446	0.011819	21
3/1994	0.011667	0.011522	0.011827	23
2/1994	0.011921	0.011799	0.012072	20
1/1994	0.011958	0.011891	0.012027	21
12/1993	0.000027	0.000027	0.000027	23
11/1993	0.000027	0.000027	0.000027	22
10/1993	0.000026	0.000026	0.000027	21
9/1993	0.000026	0.000025	0.000026	22
8/1993	0.000027	0.000026	0.000027	22
7/1993	0.000027	0.000026	0.000027	22
6/1993	0.000026	0.000025	0.000027	22
5/1993	0.000025	0.000024	0.000025	21
4/1993	0.000025	0.000024	0.000025	22
3/1993	0.000026	0.000025	0.000026	23
2/1993	0.000026	0.000025	0.000026	20
1/1993	0.000025	0.000024	0.000026	21
12/1992	0.000002	0.000002	0.000002	23
11/1992	0.000002	0.000002	0.000002	21
10/1992	0.000002	0.000002	0.000002	22

9/1992	0.000002	0.000002	0.000002	22
8/1992	0.000002	0.000002	0.000002	21
7/1992	0.000002	0.000002	0.000002	23
6/1992	0.000002	0.000002	0.000002	22
5/1992	0.000002	0.000002	0.000002	21
4/1992	0.000002	0.000002	0.000002	22
3/1992	0.000002	0.000002	0.000002	22
2/1992	0.000002	0.000002	0.000002	20
1/1992	0.000002	0.000002	0.000002	23
12/1991	0.000000	0.000000	0.000000	22
11/1991	0.000000	0.000000	0.000000	21
10/1991	0.000000	0.000000	0.000000	23
9/1991	0.000000	0.000000	0.000000	21
8/1991	0.000000	0.000000	0.000000	22
7/1991	0.000000	0.000000	0.000000	23
6/1991	0.000000	0.000000	0.000000	20
5/1991	0.000000	0.000000	0.000000	23
4/1991	0.000000	0.000000	0.000000	22
3/1991	0.000000	0.000000	0.000000	21
2/1991	0.000000	0.000000	0.000000	20
1/1991	0.000000	0.000000	0.000000	23

Sources : BCC, FMI, BM

Annexe 4. Participations de l'État dans les entreprises

1	B.C.C.E.	99,9 %	Gestion Banque centrale
2	CINAT	92,7 %	Gestion assurée par un représentant/l'État
3	U.B.C.	88,3 %	Représentant de l'État non encore nommé
4	MIBA	80 %	Représentant de l'État
5	SONAL	60 %	Gestion privée mais gérée de fait par un Repr. État
6	SOCIR	50 %	Gestion collégiale
7	GRAND HÔTEL	50 %	Gestion privée, sauf après le retrait des privés
8	SIK	50 %	Gestion privée
9	CONGO ÉTAIN	50 %	Gestion par un Repr. de l'État
10	GRELKA	40 %	Gestion privée
11	PASTORALE DU HAUT LOMAMI	40 %	Gestion privée
12	FINA	40 %	Gestion privée
13	CHANIMETAL	40 %	Un Repr. de l'État impliqué dans la gestion
14	MOBIL	40 %	Gestion privée
15	SHELL RDC	40 %	Gestion privée
16	MIDEMA	40 %	Gestion privée
17	SOCOTOL	40 %	Gestion privée
18	KWILU NGONGO	40 %	Gestion privée
19	AGRIFOR	40 %	Gestion privée
20	SITAK	40 %	Gestion privée
21	S2G1	40 %	Gestion privée

Annexe 5. Participations de 20 à 40 %

N°	SOCIÉTÉ	PART	REPRÉSENTATION
1	CONDENDOR	25 %	2 administrateurs dont le PCA
2	COTONNIÈRE	36,9 %	2 administrateurs dont le PCA
3	A.T.C.	26,5 %	2 administrateurs dont le PCA
4	ZAIMARE	25 %	2 administrateurs dont le PCA
5	BTM	20 %	1 administrateur
6	CHEVRON	20 %	Suivie par COHYDRO
7	JAPECO	20 %	Suivie par COHYDRO
8	SOLCO	20 %	Suivie par COHYDRO
9	SOFIDE	20 %	1 administrateur
10	BCDC	25,5 %	2 administrateurs
11	COMMINGEN	20 %	1 administrateur
12	PHC	23,8 %	2 administrateurs
13	SOTEXKI	37,8 %	3 administrateurs
14	SUCRIERE DE KILIBA	26,5 %	2 administrateurs
15	SODEFOR	26 %	1 représentant de l'État
16	SMDG	20 %	1 administrateur (PCA)
17	SOMICO	28 0 %	3 administrateurs dont le vice-président

Source : Archives Conseil supérieur du portefeuille.

TABLE DES MATIÈRES

Du même auteur

A. Ouvrages

1. *La politique étrangère de Joseph Kabila.*
Les politiques étrangères des États menacés de décomposition, éd. L'Harmattan, Paris, 2014, p. 215.
2. *La problématique de l'émergence des économies africaines*, éd. L'Harmattan, Paris, 2016, p. 225.
3. *La Belgique et le Congo-Kinshasa. Quelle nouvelle coopération*, éd. Les Nouvelles Afriques, Anvers, 2004, p. 107.
4. *Le Fonctionnement des institutions internationales*, éd. Les Nouvelles Afriques, Anvers, 2000, p. 240.
5. *L'économie politique de la crise à l'est de la République démocratique du Congo. Analyse critique du modèle de « Greed and Grievance » de M. Berdal et D. M. Malone* (en préparation).

B. Articles

1. « Les nouvelles relations Est-Ouest et leur incidence sur la coopération entre l'Union européenne et les États ACP » ; in revue *COSDERIA, Africa développement*, vol. XXVIII, n° 3, Dakar, 1993.
2. « Les critères d'évaluation de l'impact des technologies appropriées », in *cahier de l'ISDR/BUKAVU*, n° 3, 1986.
3. « La mobilité de la population à la frontière orientale du Zaïre », in *cahier de l'ISDR/BUKAVU*, n° 2, 1985.
4. « Pour quelle théorie du développement rural », *cahier de l'ISDR/BUKAVU*, n° 2, 1985.
5. « Les cinq agendas cachés de l'ordre politique de transition et leurs fragilités », in site web, *Obsac*, vol. 4, n° 47, novembre 2001.
6. « Le bilan socio-économique de la gestion de L.D. Kabila », in *Obsac*, vol. 4, n° 14, avril 2001.
7. « Louis Michel et la diplomatie de l'engagement à l'égard de Kinshasa », in *Obsac*, vol. 5, n° 18, mai 2005.
8. « Les facteurs externes de blocage du dialogue inter congolais », in *Obsac*, vol. 4, n° 11, mars 2001.

9. « Les conséquences à tirer du conflit des compétences entre le parlementarisme et le présidentialisme au Congo-Kinshasa, de 1960 à 1998 », Site web Congo 2000, mars 2002.
10. « La relecture géopolitique de la crise à l'Est du Congo. En marge de la conférence régionale sur la paix », site web congodiplomatica.com, mai 2014.
11. « L'élite politique congolaise : naissance, recomposition et auto entretien », in site web congodiplomatica.com
12. « L'influence du droit international dans la formulation des droits de nationalités », in site web congodiplomatica.com
13. « La fin des relations privilégiées entre la Belgique et le Congo-Kinshasa », in site web congodiplomatica.com, janvier 2005.
14. « Le nouveau partenariat sino-africain : mirage et réalité », in site web congodiplomatica.com
15. « Lire les décisions de politique étrangère du Congo : du pragmatisme de Mobutu à l'idéalisme de L.D. Kabila », in *Analysis*, n° 1, Revue de la faculté des sciences politiques et sociales de l'UPN, mai-juin 2009.
16. « La crise financière internationale et la dépréciation du franc congolais », in *Analysis*, n° 2, 2009.
17. « La crise de l'euro et son impact sur les économies africaines », in www.nedocs.com
18. « L'émergence des économies africaines, espoir et pessimisme », in www.dissertationsgratuites.com

République démocratique du Congo

aux éditions L'Harmattan

Dernières parutions

CINQUANTE-SIX ANS APRÈS, QUE RESTE-T-IL DE PATRICE EMERY LUMUMBA ?
Ngalikpima Venant Fali
Le combat pour libérer le Congo commença d'une façon très atypique, vu le contexte colonial. Les Indigènes n'avaient pas droit à une organisation politique ou syndicale ; les leaders politiques devaient se réunir et agir dans la plus grande discrétion. Pour Lumumba, la formation du MNC marqua le point crucial de sa politique sur le territoire congolais. Sa stature et sa posture d'homme politique et d'État marquèrent le début de son calvaire, le conduisant en prison puis à la mort dans des circonstances peu claires...
(Coll. Points de vue, 12.50 euros, 104 p.)
ISBN : 978-2-343-12803-0, ISBN EBOOK : 978-2-14-005111-1

L'ÉCHEC DU PARADIGME DE L'ÉTAT MODERNE EN RDC
Le projet d'un pacte social
Kabongo Kapenda Flory E. - Préface de Denis Kialuta Longana
Cinquante-sept années après l'indépendance, la RDC ressemble à un État mort-né. Issue de la décolonisation, la RDC a l'ambition de s'approprier le modèle occidental de l'État moderne. Aujourd'hui, il apparaît clairement qu'il faut repenser le concept de l'État en Afrique sur le fond d'un double pacte de sécurité suivant sa définition par Michel Foucault, qui y voit le fondement du rapport entre l'État et sa population. Un vrai pacte de sécurité est un pacte social, porté par des valeurs de solidarité, de justice sociale et de progrès collectif. Un défi pour les pays africains et pour la RDC en particulier.
(Coll. Points de vue, 16.00 euros, 146 p.)
ISBN : 978-2-343-12824-5, ISBN EBOOK : 978-2-14-004977-4

CURRICULUM POUR UN ENSEIGNEMENT SUPÉRIEUR ET UNIVERSITAIRE PROFESSIONNALISANT
Musomo Amundala Richard
En prenant en compte l'adéquation entre formation et emploi, cet ouvrage présente une démarche pour la construction et le développement des curricula académiques pour un enseignement supérieur et universitaire professionnalisant. L'enseignement supérieur nécessite aujourd'hui divers changements profonds, qu'il faut appliquer dans l'optique de la professionnalisation.
(Harmattan RDC, 15.50 euros, 140 p.)
ISBN : 978-2-343-13228-0, ISBN EBOOK : 978-2-14-005088-6

LE MARIAGE COUTUMIER CHEZ LES BUDU EN RÉPUBLIQUE DÉMOCRATIQUE DU CONGO
Balabala Désiré
Dans une région vaste du nord-est de la République démocratique du Congo vit une communauté ethnique : les Budu. Elle partage certaines de ses traditions avec ses voisins du territoire de Wamba ; notamment le cas du mariage coutumier. La cérémonie matrimoniale la plus prestigieuse de la région a longtemps été une longue et fastueuse procession consistant à accompagner la future mariée jusqu'au domicile conjugal. Ces traditions sont de nos jours mises à rude épreuve par les mutations sociétales. L'auteur de l'ouvrage tente d'y restituer un pan du patrimoine culturel africain menacé.
(Coll. Études africaines, 18.50 euros, 176 p.)
ISBN : 978-2-343-11768-3, ISBN EBOOK : 978-2-14-005127-2

LA PROTECTION DE LA VEUVE EN RÉPUBLIQUE DÉMOCRATIQUE DU CONGO
Quelle effectivité ?
Vumilia Nakabanda Nathalie - Préface de Jean-Louis Renchon
La veuve légale a certes des droits légalement consacrés mais leur mise en œuvre bute sur plusieurs obstacles. L'influence de la coutume est déterminante. La difficulté d'accès à la justice, l'ignorance, l'analphabétisme, les stéréotypes, le patriarcat... limitent l'effectivité de la protection de la veuve. Pour devenir effective, la protection de la veuve légale, de la veuve de fait, de la veuve coutumière, de la veuve polygyne nécessite des programmes appropriés à chacune de ces catégories. Le concours de la société civile et des divers partenaires internationaux sera nécessaire.
(Coll. Études africaines, 68.00 euros, 954 p.)
ISBN : 978-2-343-13092-7, ISBN EBOOK : 978-2-14-004932-3

LE MAYOMBE
Histoire économique et socioculturelle des Yombe de la RD Congo
Khonde Ngoma Di Mbumba Côme – Préface d'Emmanuel Luzolo Bambi Lessa
Ce livre retrace l'histoire du peuple yombe de la RD Congo dans sa vie quotidienne et dans ses relations internes et externes, les contacts avec les Européens notamment. Il révèle également le vrai visage du Muyombe (l'habitant), contrairement à certaines réalités vécues actuellement dans le Mayombe (région) d'aujourd'hui. Il démontre que cette région, dont l'économie était basée sur l'agriculture, a été le poumon de l'économie du Kongo central. Aujourd'hui la production d'huile de palme constitue l'activité économique locale majeure.
(Harmattan RDC, 26.50 euros, 254 p.)
ISBN : 978-2-343-13058-3, ISBN EBOOK : 978-2-14-004754-1

PROVERBES ET DICTONS BABEMBA DU HAUT-KATANGA (RDC)
Vivre dans la paillote à palabres
Lubembo Kabéké, Manikunda Masata
Récoltés dans la région de Luapula-Moëro, ces proverbes sont passés au crible des points de vue des vieux et sages. Le souci des auteurs de ce répertoire est de meubler la génération montante d'une banque de données (jeu du langage,

philosophie populaire, préceptes moraux, maxime, devise, imaginaire collectif, mémoire, humour, histoire et tradition orale).
(Harmattan RDC, 20.00 euros, 196 p.)
ISBN : 978-2-343-13060-6, ISBN EBOOK : 978-2-14-004720-6

ATOUTS ET PESANTEURS PSYCHOSOCIOLOGIQUES AU DÉVELOPPEMENT EN RD CONGO
Kakura Baudouin - Préface de Rémy Mbaya Mudimba
La pauvreté et le sous-développement de la RD Congo ont essentiellement des déterminants psychosociologiques et culturels. Leur réduction passe par la conscientisation des Congolais, qui vivent pourtant dans un environnement plein de ressources naturelles et potentialités économiques. Cet ouvrage analyse les pesanteurs gênant le développement ainsi que les atouts pour la prospérité de la RD Congo.
(Harmattan RDC, 21.50 euros, 208 p.)
ISBN : 978-2-343-13061-3, ISBN EBOOK : 978-2-14-004718-3

IMAGE DE SOI ET DISCOURS ÉLECTORAUX
Analyse des stratégies de communication électorale des présidentiables de 2011 en RDC
Katubadi Mputu Célestin - Préface de François-Xavier Budim'bani Yambu
LA RDC a connu deux élections générales au suffrage universel direct en 2006 et en 2011. Au cours de ces élections, les médias saisissent l'opportunité de mettre en scène les enjeux des élections, les candidats et leurs projets de société. La construction d'une image valorisante de soi est devenue une préoccupation majeure des présidentiables. L'auteur examine comment cette image s'élabore et comment elle construit des identités et exerce son influence.
(Coll. Études africaines, 21.50 euros, 212 p.)
ISBN : 978-2-343-10559-8, ISBN EBOOK : 978-2-14-004854-8

LE KIVU BALKANISÉ
Miroir d'une mondialisation mafieuse
Ramazani Bishwende Augustin
La province du Kivu, voisine du Rwanda, du Burundi et de l'Ouganda appartient aujourd'hui à la République démocratique du Congo. Militant, l'auteur nous livre ici un plaidoyer pour qu'il ne soit pas annexé aux pays voisins en incitant ses compatriotes à s'indigner, afin que cessent les guerres qui se disputent les ressources sur ses terres. Génocides, massacres, déplacements de population, l'auteur en appelle également à la responsabilité des politiques en place à Kinshasa pour que soient reconnus et jugés les nombreux crimes commis dans la région, et que celle-ci soit enfin sécurisée.
(Coll. Points de vue, 10.00 euros, 58 p.)
ISBN : 978-2-343-11796-6, ISBN EBOOK : 978-2-14-004422-9

ESPÉRANCE POUR LE CONGO ET L'AFRIQUE
Kakulé Matumo Kitswiri Paul
L'auteur, en livrant sa vision pour la République démocratique du Congo, et par ricochet pour l'Afrique, dans une pertinence et une perspicacité qui défient

l'imagination, montre la voie qui est espérance pour plusieurs générations. Il ouvre un débat sur le développement de l'Afrique. Il s'agit d'une vision, d'un dialogue.
(Coll. Points de vue, 27.00 euros, 262 p.)
ISBN : 978-2-343-12660-9, ISBN EBOOK : 978-2-14-004433-5

CLASSIFICATION GÉNÉRALE DES EMPLOIS EN RDC
Bumba Monga Ngoy Antoine-Roger
Sur les plans social et économique, toute organisation compte sur l'homme, première ressource de l'entreprise devant les autres ressources matérielles, financières et/ou immatérielles. La sélection, l'orientation et la formation professionnelle, l'affectation rationnelle des personnes aux postes de travail, la définition des tâches et leurs exercices... sont autant d'apports de la psychologie à la direction, en vue d'un travail de qualité qui assure la rentabilité économique de l'organisation. Ce livre propose une classification générale des emplois.
(Harmattan RDC, 27.00 euros, 258 p.)
ISBN : 978-2-343-12716-3, ISBN EBOOK : 978-2-14-004544-8

LES RÉFORMES ADMINISTRATIVES ET TERRITORIALES DE LA DÉCENTRALISATION EN RÉPUBLIQUE DÉMOCRATIQUE DU CONGO
Entre l'impasse et leur mise en œuvre effective
Kiana Nsiabar Hervé
L'auteur présente une analyse de la décentralisation et des réformes importantes qu'elle introduit dans le système d'organisation et de fonctionnement de l'État congolais. Sur la base d'une réflexion minutieuse, il présente également une analyse des facteurs pouvant expliquer l'impasse dans laquelle se trouvent ces réformes de la décentralisation dans leur mise en œuvre, onze ans après la promulgation de la Constitution de la Troisième République.
(Coll. Études africaines, 24.00 euros, 268 p.)
ISBN : 978-2-343-12245-8, ISBN EBOOK : 978-2-14-004558-5

L'ORGANISATION DES MARCHÉS FINANCIERS EN RÉPUBLIQUE DÉMOCRATIQUE DU CONGO
Pour l'instauration d'une bourse des valeurs mobilières
Nyembo Tampakanya Jean-Paul
Il manque en RDC une réglementation idoine du financement de son économie. La stabilité politique et socio-économique, l'implantation des établissements de crédit à travers le territoire national et la crédibilisation du franc congolais sont les préalables à l'efficacité des marchés. Ainsi, une loi sur la bourse des valeurs mobilières et la modernisation des services financiers apparaît comme la condition nécessaire pour arriver à une croissance réelle et ordonnée de l'économie.
(Coll. Logiques Juridiques, 31.00 euros, 300 p.)
ISBN : 978-2-343-13016-3, ISBN EBOOK : 978-2-14-004593-6

Structures éditoriales du groupe L'Harmattan

L'Harmattan Italie
Via degli Artisti, 15
10124 Torino
harmattan.italia@gmail.com

L'Harmattan Hongrie
Kossuth l. u. 14-16.
1053 Budapest
harmattan@harmattan.hu

L'Harmattan Sénégal
10 VDN en face Mermoz
BP 45034 Dakar-Fann
senharmattan@gmail.com

L'Harmattan Cameroun
TSINGA/FECAFOOT
BP 11486 Yaoundé
inkoukam@gmail.com

L'Harmattan Burkina Faso
Achille Somé – tengnule@hotmail.fr

L'Harmattan Guinée
Almamya, rue KA 028 OKB Agency
BP 3470 Conakry
harmattanguinee@yahoo.fr

L'Harmattan RDC
185, avenue Nyangwe
Commune de Lingwala – Kinshasa
matangilamusadila@yahoo.fr

L'Harmattan Congo
67, boulevard Denis-Sassou-N'Guesso
BP 2874 Brazzaville
harmattan.congo@yahoo.fr

L'Harmattan Mali
Sirakoro-Meguetana V31
Bamako
syllaka@yahoo.fr

L'Harmattan Togo
Djidjole – Lomé
Maison Amela
face EPP BATOME
ddamela@aol.com

L'Harmattan Côte d'Ivoire
Résidence Karl – Cité des Arts
Abidjan-Cocody
03 BP 1588 Abidjan
espace_harmattan.ci@hotmail.fr

L'Harmattan Algérie
22, rue Moulay-Mohamed
31000 Oran
info2@harmattan-algerie.com

L'Harmattan Maroc
5, rue Ferrane-Kouicha, Talaâ-Elkbira
Chrableyine, Fès-Médine
30000 Fès
harmattan.maroc@gmail.com

Nos librairies en France

Librairie internationale
16, rue des Écoles – 75005 Paris
librairie.internationale@harmattan.fr
01 40 46 79 11
www.librairieharmattan.com

Lib. sciences humaines & histoire
21, rue des Écoles – 75005 Paris
librairie.sh@harmattan.fr
01 46 34 13 71
www.librairieharmattansh.com

Librairie l'Espace Harmattan
21 bis, rue des Écoles – 75005 Paris
librairie.espace@harmattan.fr
01 43 29 49 42

Lib. Méditerranée & Moyen-Orient
7, rue des Carmes – 75005 Paris
librairie.mediterranee@harmattan.fr
01 43 29 71 15

Librairie Le Lucernaire
53, rue Notre-Dame-des-Champs – 75006 Paris
librairie@lucernaire.fr
01 42 22 67 13

www.ingramcontent.com/pod-product-compliance
Lightning Source LLC
LaVergne TN
LVHW011016061026
849535LV00006B/1904